▶→ FLECHA NO TEMPO ←◀

LUIZ ANTONIO SIMAS
LUIZ RUFINO

Flecha
no tempo

mórula
EDITORIAL

Copyright © Luiz Antonio Simas e Luiz Rufino.
Todos os direitos desta edição reservados
à MV Serviços e Editora Ltda.

REVISÃO
Marília Gonçalves

PROJETO GRÁFICO E DIAGRAMAÇÃO
Patrícia Oliveira

CIP-BRASIL. CATALOGAÇÃO NA PUBLICAÇÃO
SINDICATO NACIONAL DOS EDITORES DE LIVROS, RJ

S598f   Simas, Luiz Antonio, 1967
           Flecha no tempo / Luiz Antonio Simas, Luiz Rufino. — 1. ed. — Rio de Janeiro : Mórula, 2019.
           112 p. ; 21 cm.

              Inclui bibliografia e índice
              ISBN 978-85-65679-91-6

              1. Brasil — Civilização. 2. Religião e cultura — Brasil. 3. Cultura — Aspectos sociais. 4. Características nacionais brasileiras. I. Rufino, Luiz. II. Título.

19-58719   CDD: 306.40981
                             CDU: 316.7(81)

R. Teotônio Regadas, 26 — 904 — Lapa — Rio de Janeiro
www.morula.com.br | contato@morula.com.br

NOTA INTRODUTÓRIA

O CONTRÁRIO DA VIDA NÃO É A MORTE, MAS O DESENCANTO. Partindo desse princípio, estes textos foram escritos com a palavra encaboclada e o olhar atento à labuta das iaôs que cobrirão com folhas de pitangas o nosso solo fértil, macaia das solidões compartilhadas. Para a batalha, os ogãs preparam o balaio das iabás, aquele que será ofertado na quebrada do sol, onde o mar afaga o céu e o mundo continua. Contra o canhão, o caboclo riscará o chão da mata. Ossain preparará um banho com as jinsabas mais cheirosas; Vunji convidará as crianças; Angorô, que é também Oxumarê, inventará improváveis arco-íris; Gongobira encherá de peixes coloridos a lagoa de águas escuras, densa como as florestas de onde um Guarani trará a carne saborosa das caças. O senhor da guerra forjará no ferro em brasa cimitarras, adagas e, sobretudo, ferramentas de inventar o mundo. Um cortejo de cabras, pombas e caramujos precederá o afoxé anunciado pelo pano branco de Lemba-Dilê. Tem amalá no fogo e rogações ao milho nas bandeirinhas de São João. E começará o ritual: os corpos terão que ser fechados ao assombro domesticador, normatizador e disciplinador que se emana no carrego colonial, aquele que exige corpos adequados para o consumo e para a morte em vida, a pior que há. Saravamos os mortos que vivem valentemente galopando seus cavalos (de santo); choramos os vivos que são mortos sem cavalo, sem galope, sem vento ou valentia. Flecha no tempo parte de um desafio e de uma constatação: ou escutaremos e falaremos com outras vozes ou nos calaremos pra sempre. Elas serão musicadas, gingadas, atravessadas e batucadas. Para não morrer, evocamos a sabedoria dos "cumbas", poetas do feitiço das palavras do Congo velho, e a disponibilidade dos caboclos versados nas artimanhas de tecer encantarias libertadoras no precário. Nossa peleja precisa ser levada, como vivência, reflexão e ação macumbada, para o campo dos saberes onde os desencantadores não sabem jogar, como bandeira fincada no Humaitá. Para cada discurso empedernido, uma gargalhada zombeteira zumbirá no vento feito um anti-amém, marafando letras e corporificando a palavra como a encruzilhada de onde as flechas voam para desassombrar o medo e encantar o mundo.

ÍNDICE

- 9   A primeira flecha
- 17   O carrego colonial
- 25   A educação pelo dendezeiro
- 31   Eleguá, o pedagogo
- 37   Tempos, flechas e caminhos
- 45   Traquinagem e morte
- 51   Terreirizando a escola
- 59   O segredo da sassanha
- 65   Saravá nossa banda
- 73   Cidade terreiro
- 81   Mães de África
- 89   Barracões de Axé
- 97   Perna Torta
- 103   O alvo

- 109   REFERÊNCIAS BIBLIOGRÁFICAS

A primeira flecha

"Só o caboclo é quem sabe,
A onde a flecha caiu."

SEU MOÇO, DONA MOÇA, por que você me olha? Se não me conhece, então não me namora. Moro na casca da imburana, saio no romper da aurora, sou gente de outro tempo, visto casaca de cobra. Ê, não me olha, não me olha, se não me conhece, então não me namora. Enquanto a maré não baixa, enquanto juriti não pia, kara'iwa amanhece cantando as horas do dia. A esquiva no tempo já contou essa história. Novamente o assombro, parido há séculos, o constructo, o apagão histórico, o esvaziamento das memórias, o embaraço cognitivo, o analfabetismo das gramáticas maternas.

A flecha atirada não é vista por olhos de grandeza, a lógica é outra. O ponto que abre caminho para outra volta em torno da cobra grande é aquele que firma o que foi riscado na areia. Viremos caboclos! Sejamos valentes, guerreiras e guerreiros, curadores, mestras e mestres de ofício e zelação. Sejamos feitos de caboclaria, os seres e saberes das minas, dos terecôs, dos aldeamentos e esquinas do Brasil. Caboclo é o termo que designa aqueles que dobraram a morte através do encanto. Índio é invenção de kara'iwa, caboclo é morador da mata, come folha, se banha na areia e se veste de samambaia. Caboclo é rei, rainha, princesa, marinheiro, menino, pé de cana, capoeira, montador de vento, sereia de água doce, orixá brasileiro. Caboclo é aquilo que quiser ser, porque inventou a vida para além do desvio. Caboclo é o destruidor dos parâmetros da empresa de desencanto. É a magia que afirma a vida sob a civilidade de um mundo morto.

Faça um samba raiado, me espreite em desafio, não me sinto acuado, pois venho de longe e conheço de tudo um pouco. Cante para mim que me emparelho contigo, os tambores dobrarão o vento para embelezar o baile. Seus moços entendedores dos dizeres dessa gente, me façam um favor: me ouçam enquanto escrevem; sopro no ar a fumaça da transformação. Nada se acaba, tudo se transforma, a empresa contrária à vida tem sede de desencanto. Abasteçam a moringa, não parem, bebam mais um gole, no fundo da cuia tem muito "dizer" para ser dito. Caboclo não tem um só caminho, o caminho a gente inventa. Me permita uma palavra lanceira, apenas uma, e arrastarei a sucuri de dentro d'água para lhe confiar parte dos meus segredos.

Olhem para o céu que cobre a terra, reparem os desenhos que os olhos dos meninos fazem ao piscar sem parar noite adentro. Vocês não sabiam que cada estrela que alumia a escuridão é a bituca de um curumim que repara o mundo de lá de cima? Vejam o cruzeiro que se desenha no pestanejar dos miúdos; se repararam, façam um pedido. Acordemos os moradores dessa terra, as flechas lançadas atravessarão o redemoinho do tempo e cairão em lugar que só o caboclo sabe. Lanceiros, bocas e mãos de cura, capangueiros da Jurema, naturais do Juremá, mestres das artes do fazer, amansadores de feras, senhoras dos olhos d'água, das floradas e meninos que são os faróis do mundo, o que se ergue na invocação de suas presenças?

Caboclo descansa na sombra do jatobá, vira suçuarana na noite, ecoa fazendo zoeira na queda d'água. Quando quer espreitar as coisas por outro ponto, vira gente. Homem é coisa do olho de kara'iwa, que mira o mundo, mas não se vê. Quantas luas se passaram enquanto o couro dobra nas mãos dos cambonos para contar nossas histórias; flechadas para acordar vocês de seu sono? Qual é a anestesia que não permite que a presença que inventou o *outro* seja interpelada sobre as suas ações e chamada à responsabilidade. Quantos nomes podemos dar para essa terra e para as gentes que fazem daqui sua morada?

Guerreiros e caminhantes de ponta a ponta desse lugar, nós nos alimentamos até de gente para imantar a força vital. O fundamento do campo de batalha é potencializar o sentido da vida; jamais exterminá-lo. Assim, o jogo se inscreve como experiência de sociabilidade que não tem como premissa a exclusão, mas a incorporação das vibrações que vagueiam e baixam nas coisas dando o tom daquilo que é o mundo. O destino de todo guerreiro é habitar na presença do oponente ou incorporá-lo em si, formando assim um outro ser que entronará as batalhas, virtudes e vibrações de ambos.

Kara'iwa desconhece as batalhas bonitas, pois vê a guerra como a destruição que alimenta o lucro. De seu espírito se pariu a ilusão do homem, não enquanto ser, mas enquanto noção que legitima e autoriza a presença de uns e a mortandade daqueles que foram inventados como *outros*. Assim, pode-se dizer que kara'iwa se alimenta da escassez, pois arregimentou o que é possível para a vida a partir de um contrato que lhe concede poder e o isenta de responsabilidade. Muitas das palavras que saem de suas bocas para manifestar o trato da vida, das relações que se tecem no cotidiano, são esvaziadas de sentido. O homem branco se distanciou do sentir.

Talvez seja por isso que caboclo fez da palavra a sua flecha, que sempre há de encontrar o alvo. Caboclo brada, vira bicho, desata o nó do tempo e escreve parte de seu saber no nevoeiro da fumaça. O sentir e o pensar não estão deslocados, pois o que é o *ser* se não uma vibração que vagueia no arrebate ritmado e ganha corpo através do sopro? Na ciência do encante, o ser é um todo. Assim, a palavra do caboclo é parte de si, a vibração do caboclo é a prova de que a sua existência corre a gira da história e permanece como continuidade, supravivência.

Dessa maneira, meus camaradinhas, se o caboclo é a antinomia da civilidade, o sopro que o encarna e a ciência que o faz são artes de fiar saberes e gramáticas desconhecidas, negadas e reprimidas pela encarnação de kara'iwa. O Estado-Colonial é a forma que compreende os interesses e estabelece as metas a serem vividas, a partir dos olhos daqueles que miram e definem o que são os *outros*, mas não reconhecem a diversidade como fundamento da vida. Assim, o gerenciamento da mesma se estabelece com o poder da violência, que é utilizada para "determinar" racionalmente as possibilidades do *ser*.

O colonialismo, como espectro de terror, política de morte e desencanto que se concretiza na bestialidade, no abuso, na produção incessante de trauma e humilhação, é um corpo, uma infantaria, uma máquina de guerra que ataca toda e qualquer vibração em outro tom. Assim, entoa-se a questão: quais são as possibilidades de *ser* em um estado radicalizado na violência? Uma possibilidade que lançamos no tempo, como fuga desse modelo, é a de que viremos caboclos. Em outros termos, o ser em disponibilidade e poder de invocação para praticar a viração na ciência da caboclaria.

Supravivente, antinomia da civilidade, caboclo é a amarração que enigmatiza a luta contra as esferas de terror do colonialismo. O verso de encante, aforismo da caboclaria, que busca os trabalhadores do Juremá, diz: *todos morreram, eu não morri*. Diga lá, o que kara'iwa sabe da vida? Ou melhor, o que kara'iwa sabe sobre o que é vivo? Nessa terra já fui menino, me honrei valente, quando quero me deitar viro leito de rio. Para seguir no mundo me transformei em pássaro, empoleirei no alto e continuei a cantar: *maré encheu, maré vazou, de longe muito longe eu avistei Ará. A minha choupana coberta de sapê, meu arco, minha flecha e minha cabaça de mel*.

Risque na areia, pois a lição que fica reside no ato. Responderemos a esse e aos demais rodopios do tempo. O que chamam de descolonização e se manifesta como palavra e saber, sem o sentir e o ser, perpetua os vícios de kara'iwa. O caboclo sopra no cair desse dia que o ato é o corpo, a presença, o elo e a substância daqueles que miram outro tempo. A defesa da aldeia, das diferentes formas de ser, do campo formoso que se abre para vivenciarmos outros modos perpassa pela firmeza dos moradores e de todos os cantos que sustentam essa casa santa chamada vida.

Caboclo não tem caminho para caminhar. Caboclo das sete mil encruzilhadas corre gira, vira mundo e baixa onde quer. Abra caminho, vença a demanda, desate o nó, se levante e quebre as pedras, se banhe de outros sentidos. O carrego alimentado há séculos precisa ser despachado para nossas virações desenharem um novo dia. Neste sentido, o desafio não é simplesmente se deslocar de uma margem para a outra, uma vez que nos subordinam a estar limitados a uma realidade cindida em dois polos. A peleja do agora pede a sabedoria dos encantes de outrora, as mumunhas ancestrais que nunca deixaram de existir, mas vivem no oco, no miolo de nosso sertão, campina e mata.

O trauma colonial permanece nos ataques aos corpos marcados pelos traços da diferença, na edificação de um modelo de razão monológica e de um modo de linguagem que não comunica, pois tem ânsia de silenciamento. O trauma permanece na produção incessante de desigualdade que nutre os privilégios e prazeres de uma minoria. Porém, há jogo pra se fazer, volta ao mundo pra se dar no terreiro. Cruzando nossas flechas e soprando o pó do bendizer, consagramos no chão nossas apostas para o fortalecimento da travessia. Assim, nossas flechas se lançam para os quatros cantos dessa casa chamada existência. Cada flecha atirada emana um poder de transformação e de mobilidade do tempo. São quatro setas disparadas em um único tiro: *Educação, Cura, Cotidianos* e *Criança*.

Educação como levante/encantamento dos seres, como força vital e potência de transformação daqueles afetados pelo terror das injustiças cognitivas/sociais. Princípio e invocação de responsabilidade para com a vida em toda sua diversidade e como forma de "desaprendizagem" das investidas totalitárias empregadas pelo modelo de produção de escassez e morte. A Educação como fenômeno inerente à condição dos seres borda a tessitura de pedagogias inventivas e lúdicas focadas no tratamento dos traumas mantidos pela continuidade do terror colonial. Assim, a educação como elemento fundamental para proposição de um projeto de bem viver, de caminho pleno, suave e potente, contrário às empresas de desencante, se atém à elaboração de repertórios táticos que inferem mobilidade, autonomia e emancipação nos seres.

Cura como a emergência da poética e da epistemologia do encante, a comunicação de suas gramáticas e a interlocução com diferentes esferas do conhecimento, a fim de firmar uma gira cruzada de interlocuções e aprendizagens plurais que desestabilizem a hierarquização dos saberes e a relação de centralidade no humano, em detrimento das múltiplas expressões da natureza. Assim, na perspectiva do poder de cura da caboclaria, há no mundo diferentes racionalidades e espiritualidades que resguardam inúmeras possibilidades de *vir a ser* e *estar*. Essas forças manifestam-se como linguagens que tomam pra si as mais diferentes formas existentes. Dessa maneira, o homem/razão/consciência como *loci* de enunciação da racionalidade moderna ocidental não é a única possibilidade, e talvez não seja nem a principal, para que essas expressões se manifestem e comuniquem suas forças. A cura em si manifesta-se também como uma disponibilidade para o *vir a ser* atento a responder eticamente às investidas do espírito de dominação e da centralidade em uma razão que se quer única.

Cotidiano como lajeiro de invenções, campo formoso que se abre para o estudo, reflexão e prática da ciência encantada. Nele se imbricam as presenças, experiências e práticas de saberes e ritos como tessitura de um complexo e imensurável balaio de possibilidades de mundo. Como diz o aforismo da caboclaria brasileira: *Pedrinha miudinha de Aruanda, lajeiro tão grande de Aruanda... Uma é maior, outra é menor, a miudinha é quem nos alumeia.*

Quais são os caminhos possíveis diante um mundo obcecado pelo paradigma da grandeza, da totalidade? Nessa flecha atirada de nossas bocas firmamos que possibilidades serpenteiam na vida comum e muitas vezes não são credibilizadas porque nossos olhos estão condicionados a miradas grandes, subestimando a força que habita no miúdo. No caroço de dendê mora a sabedoria infinita, na folha do peregum mora a orientação que guia os seres na travessia do renascimento, na esquina se aponta a responsabilidade dos atos e na cachaça que tempera o hálito está a motricidade das criações. Assim, o cotidiano, mais que um campo inventivo, múltiplo e inacabado, se inscreve também como inventário de diferentes saberes e rotas.

Crianças, erês, curumins, moleques, brincantes, rueiros, vadios, piratas, super-heróis, viram bicho, negaceiam o dengo e destronam qualquer pretensão de grandeza na gargalhada. Existências de síncope, imprevisibilidade, possibilidade, potência criativa que concretiza no tempo do agora as realizações inimagináveis, pois são dotados de olhar de encante.

Vibrações que carregam um mundo de fartura, ritmos, cores e possibilidades de comunicação. Portadores de gramáticas flexíveis, inclusivas, caóticas, filosofias montadas na carcaça de formigas, nas esferas de sabão e no debicar das pipas que cortam o céu. A criança é o elemento que imanta as três flechas atiradas, a quarta flecha que carrega nela a força e a motricidade de um tempo e de seres que precisam se inventar para um encontro com o bem viver. Em um mundo inacabado, o jogo emerge como inteligibilidade do brincante, que para se lançar nele precisa ser dotado da inteligência do moleque, a vadiação.

A flecha lançada grita que urge o enfrentamento no campo das representatividades formais e na disputa política imediata. Mas isso não se opõe — e a rigor precisa — ao esforço de encantamento cotidiano do mundo pela mirada das alterações das gramáticas de percepção da vida, encantando a palavra, os corpos e as existências na precariedade das frestas, para que não sejamos os cachorros que perseguem os próprios rabos: eis a tarefa dos caboclos.

O carrego colonial

"*A descolonização, sabemo-lo, é um processo histórico, isto é, não pode ser compreendida, não encontra sua inteligibilidade, não se torna transparente para si mesma senão na exata medida em que se faz discernível o movimento historicizante que lhe dá forma e conteúdo.*"

[FRANTZ FANON]

QUAIS SÃO AS OBRAS DO COLONIALISMO? O que herdamos durante mais de cinco séculos de implantação de um estado de terror? Perguntas que não são fáceis de serem respondidas ou sequer podem ser, mas que tencionam as nossas subjetividades para que se engatilhem ações rebeldes e não nos contenhamos com a naturalização da barbárie imposta. Dessa forma, a invocação é para que nossas existências, em sua multiplicidade, ao serem interrogadas, substanciem inconformismo e que nossos atos transgridam os padrões aqui implantados, nos reconstruindo enquanto seres.

A colonização é um trauma permanente, ferida aberta, sangria desatada. A libertação dos produzidos como desvio ao longo da tragédia é uma emergência; uma dívida. Quais são os caminhos possíveis para a reparação? O pós-colonial será lido aqui como um jogo de palavração em que a enunciação que ecoará será aquela historicamente interditada. A descolonização, por sua vez, será perspectivada como fenômeno encruzado, ato responsável que implica transgressão e remontagem. Assim, o colocar-se de pé e caminhar e a emergência de novos seres são aqui perspectivados como faces dos poderes de Exu em suas facetas de Yangí e Enugbarijó: o movimento, a multiplicação, transformação e restituição.

Orunmilá e Exu são aqueles que enxergam, conhecem, acessam e caminham em todos os tempos/espaços. Exatamente por isso, Orunmilá, dotado de sabedoria infinita, é aquele que nos aponta as formas de potencializar os caminhos. Exu, por ser a própria dimensão de todo e qualquer movimento e ação criativa, é a força que opera nas ações que buscam a transformação. Assim, Orunmilá e Exu operam de maneira integrada, cruzando os diferentes campos do conhecimento, atuando na capacidade de interagir com os mesmos e gerando novos efeitos. Dessa maneira, eles fundam e estabelecem todo e qualquer princípio de comunicação, por isso são as potências ligadas à diversidade de formas possíveis e suas escritas.

Rumando a prosa, atemo-nos ao que nos diz Walter Benjamin, caboclo alemão[1], em suas teses *Sobre o Conceito da História*. Elas podem também ser lidas como inspirações de Exu e Orunmilá, quem sabe como um verso das divindades soprado aos ouvidos do filósofo. No pensamento na picuia do caboclo, ele sugere que as lutas pelas coisas brutas e materiais não existem sem as dimensões refinadas e espirituais. As últimas características, porém, nem sempre são representadas ou percebidas nessas lutas. Isso se dá porque essas dimensões operam em campos sensíveis da existência. Sendo assim, o materialismo histórico deve ficar atento a esta transformação, a mais imperceptível de todas.

As obras da barbárie do colonialismo produziram mais do que o ataque à matéria, que aqui chamaremos de corpo, uma vez que a dimensão corporal

---

[1] Benjamin (2012). Invocar o filósofo como caboclo se dá pelo fato de reconhecermos que parte de suas reflexões estão também presentes na gnoseologia da caboclaria brasileira e afro-diaspórica. Assim, um dos principais *cruzos* se dá nas relações do pensamento de Benjamin com o Caboclo da Pedra Preta, Exu e Orunmilá.

é uma das faces de uma existência complexa e integrada entre múltiplas dimensões, saberes e textualidades. A racionalidade moderna-ocidental, na edificação de um determinado modelo de conhecimento (epistemologia), produziu inúmeras injustiças cognitivas/sociais, uma vez que centrou o discurso do conhecimento crível como algo somente possível em detrimento dos saberes, enunciações e gramáticas assentes nos limites corporais.

Nessa perspectiva, as chamadas hierarquizações de saber[2], o epistemicídio[3] e o semiocídio[4], são efeitos que operam articulados à produção de desvio existencial, ontológico. O terreiro corpo é o primeiro lugar de ataque do colonialismo: o assassinato, o encarceramento, a tortura, o estupro, a domesticação e o trabalho escravo. Porém, os ataques à existência operam em um repertório mais amplo. Outro caboclo, de linha cruzada entre o lanceiro e preto velho, Frantz Fanon, problematizou a importância da linguagem como um campo a ser investido e problematizado para que se vasculhem rotas de enfrentamento ao racismo/colonialismo. Em sua obra, o autor desenha o que chama de um colonialismo epistemológico e avança no debate de como a linguagem em si não fala meramente sobre as formas, mas sobre a existência como um todo.

Assim, em uma gira traçada em que as sabedorias de Orunmilá e Exu se cruzam à invocação das presenças dos caboclos Fanon e Benjamin, riscamos um conceito que opera nos buracos da pavimentação do Novo Mundo e abre caminhos para a emergência de outras rotas: o *carrego colonial*. A colonialidade/modernidade produziu suas formas de dominação nos limites do ser/saber/poder e também capturando, subalternizando e relegando ao esquecimento uma diversidade de princípios explicativos de mundo. Nesse sentido, problematizamos o projeto colonial como uma maquinaria que se fundamenta em uma instância de morte. Desta maneira, a dominação do ocidente europeu, desde a dependência das áreas sitiadas pelas metrópoles até a transformação delas em Estados Coloniais, onde a independência

---

[2] Ver Santos (2008).
[3] Ver Carneiro (2005).
[4] Ver Sodré (2017).

revela outras esferas de subordinação, nos diz que a produção de morte é um sistema que baliza o contrato social no Novo Mundo.

Porém, a morte nesse caso transcende o homicídio ou até mesmo a negação de qualquer direito civil; ela opera em diferentes planos, alguns dotados da fisicalidade e outros não. O que chamamos atenção com a proposição do conceito de *carrego colonial* é que, sob a inteligibilidade dos esquemas de terror do colonialismo, há o reconhecimento da memória e da ancestralidade como planos de reconstituição existencial. É nesse sentido que as ações de terror mantidas por uma política de mortandade/mortificação investem na produção do esquecimento.

Nesse sentido, o conceito de *carrego colonial* dá o tom de que as obras coloniais miram o corpo material/imaterial daqueles que são alvos do seu sistema de violência/terror. O assassinato, cárcere, tortura, desmantelo cognitivo e domesticação dos corpos estão atrelados ao desarranjo das memórias e saberes ancestrais. Por isso, a linguagem como plano de instauração do racismo, mas também como rota de fuga daqueles que são submetidos a esse sistema de poder, é um plano a ser explorado para a emergência de ações antirracistas/descolonizadoras. A configuração da descolonização é aqui lida como ato de responsabilidade com a vida em sua diversidade e imanência, ato de transgressão ao sistema de subordinação dos seres/saberes e resiliência daqueles que são submetidos ao mesmo.

A morte, signo que compreende muitos entenderes em um dizer, opera na lógica colonial como uma política de desencantamento. Assim, para combatermos o terror colonial investiremos nas possibilidades do *vir a ser* e das práticas de saber, a partir de outros princípios explicativos de mundo. Ifá nos conta que Exu se tornou o melhor amigo de Orunmilá por livrá-lo de Iku. É fundamental que ressaltemos que Iku, erroneamente traduzido como sendo a morte, é a divindade responsável por restituir o corpo dos seres à terra e transportar as suas existências para o plano dos ancestrais. Nesse sentido, Iku é uma divindade que opera na manutenção dos ciclos da existência. O que múltiplas narrativas do corpo literário de Ifá nos ensinam é que a conceitualização de morte, como empregada nos limites da racionalidade moderna-ocidental e das narrativas explicativas presentes nas tradições judaico-cristãs, não alcança o entendimento acerca da noção de vida presente em outras culturas, aquelas acometidas pela violência colonial.

Assim, na interlocução com outras cosmogonias, Ifá nos conta que Orunmilá é aquele reconhecido por adiar o dia da morte. Essa tradução muito comum nas tradições de Ifá ressignificadas nas Américas traz como ensinamento não necessariamente o adiamento da morte, mas a potencialização da vida. Se perspectivarmos as narrativas explicativas de mundo assente nos poemas de Ifá como possibilidades do *vir a ser*, teremos, nas passagens que narram Exu livrando Orunmilá da morte, a intervenção de Exu alterando as rotas dos acontecimentos, pelo fato de Orunmilá ter praticado o ebó (sacrifício). Em outras palavras, o ebó é o procedimento que potencializa a vida. Dessa forma, no diálogo com a cosmogonia iorubá, o desencante emerge como uma instância de escassez e perda de potência, a radicalização desses efeitos é o esquecimento.

O *carrego colonial* opera como um sopro de má sorte que nutre o assombro e a vigência de um projeto de dominação que atinge os diferentes planos da existência do ser. O esquecimento perpetrado por essa agência de escassez e desencanto produz uma espécie de blindagem, cristalização do tempo/espaço e das possibilidades de emergência de outros caminhos. Ou seja, a credibilização de outros complexos de saber que apontem outras formas de *vir a ser* e potencializem através de seus saberes formas de encantamento do mundo. Nesse sentido, o *carrego colonial* se manifesta como uma condição de desencante perpetrada e mantida pelos efeitos dominantes em relação à diversidade de formas de ser/saber e inscrever sua experiência. O ser é produzido como não existente por ter suas referências de saber submetidas a uma condição de permanente descrédito, subalternidade e por ter sua enunciação interditada.

O *carrego colonial* pode ser também lido na interlocução com o que Fanon chamou de colonialismo epistemológico ou o complexo do colonizado, a noção em que a vítima interioriza em si a violência e os pressupostos ideológicos do colonizador. Porém, por que, ao nosso ver, é importante nomear essas dimensões como *carrego*? Ora, camaradinhas, porque se trata de algo que não é próprio do ser, mas imposto a ele sob condição de violência; algo que não é necessário e que pode ser despachado.

Assim, outras perguntas rodam na espiral do tempo, nos cruzam feito as flechas atiradas pelos capangueiros da Jurema e caem serenas embaixo dos nossos pés apontando caminhos. O que estamos dispostos a sacrificar para romper com a condição aquebrantada imposta por esse carrego? A macumba como complexo de saber e política ancestral se ergue confrontando o caráter indefensável de um projeto civilizatório decadente e imoral, pois o mesmo é inimigo dos modos de vida e das comunidades que aldeiam e terreirizam esse lugar.

O *carrego colonial* enquanto conceito não pode ser lido com os vícios fetichistas das mentalidades e métodos dominantes, mas com implicação política/epistemológica/afetiva nas infinitas práticas inventadas e inventariadas em prol do bem viver. Nesse sentido, identificar as dimensões e operações do carrego nos lança diante da emergência de despachá-lo. Em outras palavras, somos mobilizados a acessar no encanto, enquanto complexo de saberes e gramáticas diversas, ações que transgridam os parâmetros coloniais. O *carrego* impresso como paradigma da dominação do ser/saber que afeta as múltiplas camadas das existências, desde as visíveis às mais sensíveis, revela a necessidade do vencimento da demanda moderna, feitiço monológico e castrador. Assim, não falamos de subversão de lógicas, mas da libertação das dicotomias e maniqueísmos.

A questão que nos é colocada, como fundamento político e que tem o antirracismo e a transgressão dos limites coloniais como princípio ético, é: quando poderemos cantar, dançar, beber e brincar a morte como caráter fundamental da vida? Quando romperemos com a prevalência da escassez, mortandade, mortificação, esquecimento e desencanto para inscrever outros termos que signifiquem a vida em caminhos de boa sorte e não de impotência?

A flecha no tempo nos diz para arriar as obrigações do dia e fazer os sacrifícios. A indicação é fazer dos nossos atos um contínuo rito que pluralize sentidos e transmute a morte em vida para nos livrarmos de uma vida que antecipe a morte. A morte antecipada e vazia de sentidos invocados no rito é o que chamamos de mortandade e mortificação. Orunmilá, enquanto signo do saber pluriversal, que ouve e fala em todas as línguas, nos ensina os segredos para enganar os desígnios de desencanto geridos por uma política de desencante e é responsável pelos assassinatos das mais diferentes ordens e por incutir o esquecimento que nos desliga da ancestralidade.

Assim, o *carrego colonial*, mais que identificar as múltiplas faces de operações exercidas pela maldição colonial, nos convoca à obrigação, em termos ancestrais, de despachar as obsessões cartesianas e as assentadas em um cristianismo cruzadístico inimigo das diferenças para avivarmos horizontes plurais, cosmopolitas e ecológicos em que a vida seja expressa como força inacabada e por isso impossível de ser capturada por um único sentido. Assim, pactuar com a responsabilidade de exercer caráter comprometido com a diversidade, conhecimento e inacabamento do mundo é um dos principais ensinamentos de Orunmilá.

Não à toa, se Orunmilá, através de seu conhecimento diverso, nos disponibiliza as formas de cura via o sacrifício, é Exu seu parceiro que fiscaliza e dinamiza esses processos de transformação de energias. É Exu, enquanto a boca que tudo come, que transmuta os sentido das coisas engolidas por ele. Daí, o que padecia de imobilidade e foi engolido por sua boca mágica pode ser cuspido de maneira transformada. Aquilo que se expressa enquanto desencanto não está fadado a permanecer vibrando como tal, porém demandará uma política que restitua a esperança, potência e engane a morte que vem antes do tempo. Essa política se chama ancestralidade, é ela que, ao celebrar a existência como um contínuo e o ser como exercício comunitário, nos concede repertórios de cura para dobrar a escassez e os assombros do desencante.

Assim, nos cabe dizer que o carrego colonial não se expressa somente nas atrocidades cometidas ao longo de séculos de imposição da lógica colonial. Como todo carrego que se preza, o kiumba do dominador se encosta nos bem-intencionados e também nos desatentos, os vampiriza fazendo sobressair o caráter arrogante de uma espiritualidade que despreza outros modos. Dessa forma, ao falarmos das grandes e necessárias transformações estamos também falando dos aspectos miúdos e sensíveis das existências. Qual a política que cabe na baforada de um caboclo, na gargalhada do dono da rua ou na caída do opelê?

Ifá nos aconselha não subestimar aquilo que julgamos ser pequeno. Certa vez, um encantado cuspiu: seu moço, de um pequeno se faz um grande. Vivemos em um mundo em que somos assombrados pelos paradigmas de grandeza. Dessa maneira, desencantados pelos efeitos dessa obsessão, não aprendemos os segredos que encarnam no miúdo. Para contrariar essa lógica haveremos de nos apequenar negando os pressupostos arrogantes de determinadas formas de ser e saber que se julgam grandes. Apequenar-se na gramática macumbeira tem efeito de mandinga, saber que ficou gravado nos elos da pertença entre o velho e o novo e podem nos ensinar a despachar o carrego e fechar o corpo para nossas batalhas.

A educação pelo dendezeiro

"Iboru, iboya, ibosheshe. A oferta seja feita, aceita e manifestada".

O PESSIMISMO NA AVALIAÇÃO NÃO NOS AFASTA DO OTIMISMO e da responsabilidade da ação. Tramando nossos pensamentos como as mãos que fazem a renda de bilro e repercutem as viradas no tambor, firmamos verso sobre a necessidade de se praticar as potências criativas presentes na limitação e no precário, diante do suicídio do país. O Brasil, há de se dizer, é resultado do extermínio secular das experiências comunitárias negras, indígenas e das populações empobrecidas, para se pavimentar como projeto civilizatório tacanho, reducionista e celebrador da barbárie. Eis a diferença entre o Brasil dos obcecados pela flâmula e a brasilidade dos riscadores dos chãos desse lugar.

Assim, rodopiando na espiral do tempo e enfrentando as obsessões cartesianas, o desafio que nos está colocado é o da experiência de viver intensamente na dimensão da morte. Já que morremos, como poderemos viver nessa condição? Eis a tarefa que nos parece estar colocada para que no desate dos "nós cegos" os caminhos se prolonguem.

Defendemos, nesse limite, uma educação pelo dendezeiro. Temos que temperar de axé a farofa brasileira. Mas o que seria isso?

Quando falamos do dendezeiro, nos referimos a um poema de Ifá, a tradição oracular dos iorubás. Resumidamente, diz a versão mais conhecida do poema que o sábio Orunmilá, aborrecido com a vaidade e a sede de poder de alguns de seus filhos, resolveu deixar a terra. Foi, entretanto, condescendente e disse que ainda daria aos filhos a chance de conversar com ele. E deixou dezesseis caroços de dendê, que deveriam ser consultados para que a sua palavra fosse conhecida. Esse é um dos caminhos que narram o nascimento da consulta oracular pelos ikins, os caroços de dendê.

Orunmilá deu uma lição aos filhos seduzidos por pompas e vaidades: o caroço de dendê é o que de mais simples e acessível existe. O dendezeiro nasce em qualquer lugar. Orunmilá atribui ao mais simples, ao corriqueiro, ao elemento presente em abundância no cotidiano, ao menos óbvio por ser rigorosamente comum, o segredo do conhecimento, a guarda do destino, o preceito dos ebós, o catálogo das folhas, o repertório dos cantos de encantamento, a sofisticação de todas as semânticas e gramáticas e o mistério da prática do axé.

E o que definimos como "axé" pedagogicamente praticado?

Entendemos a prática do axé como aquela que designa um modo de relacionamento com o real fundamentado na crença em uma energia vital — que reside em cada um, na coletividade, em objetos consagrados, alimentos, elementos da natureza, procedimentos rituais, na sacralização dos corpos pela dança, no diálogo dos corpos com o ritmo etc. — que deve ser constantemente potencializada, ofertada, restituída e trocada/transformada para que não se disperse. E falamos de um axé praticado que transcende os limites da prática religiosa dos terreiros.

Nesse sentido, falamos de potência, restituição, troca e transformação: caminhos da vida vital, aquela que subverte a morte enquanto condição do ser vivente que não consegue conciliar o caminho que o ori (a cabeça que escolhe o destino) quer trilhar com os descaminhos da vida desencantada. Dizemos isso porque estamos vivendo uma vida morta, de cadáveres adiados fadados ao aniquilamento; como o país. Neste ritmo ninguém haverá de contar as nossas histórias na porta da casa dos ancestrais.

Defendemos a emergência de uma educação como axé, como experiência de transformação radical, ancorada em ações responsáveis e pedagogias implicadas em transgredir e expurgar o desencante que assola o mundo. Urge a restituição da vivacidade a partir da aproximação cotidiana com sabedorias de frestas, franjas, brechas, fendas, síncopes, gingas, dribles, rumores, brisas constantes, gargalhadas na mata e artes de garrinchar o horror com a instabilidade sorrateira das pernas tortas, que ameaçam ir para um lado e caminham com a bola para o outro.

Urge defender o dendezeiro, atentar para o miúdo, encantar o trivial com a palavra, a política como fazer poético, resguardar a sanidade, proteger os corpos expostos, aprimorar afetos bordados na solidariedade das catacumbas, entender o cotidiano como instância de aprendizagens, fortalecer gramáticas não normativas e ousar o encanto como prática transgressiva. O dendezeiro aqui encarna a força dos comuns, as experiências e sociabilidades enredadas nos cotidianos, mas que ao longo do tempo foram investidas de não reconhecimento e credibilidade.

Desta maneira, uma educação pelo dendezeiro nos convoca a enfrentar o radical dessa experiência humana, tecida, compartilhada e contínua, que é a responsabilidade com a vida em toda sua diversidade. Assim, o caráter plurilinguista do dendezeiro, como símbolo daquilo que imanta a diversidade existente no mundo e a disponibilidade para o diálogo com as mais diferentes formas de sentir e praticar a vida, navega em rota contrária à do modo de ser que almeja a vaidade e o poder. Esse modo tomado por delírios metonímicos se distancia da sabedoria da mesma forma que os filhos de Orunmilá se afastaram de seu pai. Uma educação que não recorre à sabedoria assente na diversidade e nas possibilidades existentes nos cotidianos padece de imobilidade e se torna escrava do tacanhismo.

Ao contrário do que muitos pensam, a educação como princípio/fazer político não é exclusivamente um modelo de ensino de determinados pressupostos ideológicos que aludem sobre um padrão de sociedade. Quando se reivindica a educação como princípio/fazer político, se diz que a mesma é processo radicalizado em nossas existências e na produção de sentidos de nossas práticas. Assim, educação emana das gentes, de suas experiências e ações no mundo, por isso ela é fundamentada na ética. Se a experiência social é diversa, muitas serão as formas de educação possíveis. Os cotidianos como campo inventivo, terreiros cruzados por batalhas e mandingas são os tempos/espaços de potência para a emergência de modos que confrontem a arrogância de um modelo totalitário.

Os ikins, caroços de dendê, como um dos signos da sabedoria de Ifá, nos ensinam que o conhecimento, que deve ser lido como força vital, versa em múltiplas línguas. Ou seja, a diversidade de presenças implica na pluralidade de experiências, suas transmissões e tessitura de suas redes. Assim, a educação como uma dinâmica da vida, do axé, não pode estar livre de problematização e manutenção de crítica que reivindique a produção e o caráter de suas respostas.

Nesse sentido, tomar a educação como argumento para a produção de um projeto formativo que recuse o seu caráter político, entendendo aqui a política como radical assente e imanente nos seres e na diversidade, é lançá-la à mortificação. Nesse caso, a educação passa de potência de vida, ação inventiva, ética e circulação de conhecimentos para um tratado de regulação, vigilância e sistematização de esferas de poder, contrária à autonomia e à liberdade dos seres.

O ataque à diversidade, a produção da escassez e o quebrantamento das potências são formas de geração e gerenciamento da mortandade. Nesse sentido, cabe ressaltar que existem inúmeras formas de produção desse estado. Destacamos as três principais formas dessa política que alicerça as estruturas de dominação no Novo Mundo: o assassinato dos corpos, dos saberes e das linguagens. Essa tríade é implantada nos contratos que nos formam e gerem a vida. Assim, modos desencantadores vão sendo encapsulados e vendidos de maneira dissimulada sob a nomenclatura de educação. O efeito dessa lógica é que vamos morrendo em velocidades distintas, perdendo o senso e a capacidade de inconformidade com as injustiças sociais e cognitivas produzidas ao longo dos tempos.

Assim, como praticantes das margens, corpos rebeldes dotados de ginga e da habilidade do drible, reivindicamos a sabedoria encarnada nos caroços de dendê que riscam signos contendo histórias que nos falam desde a diversidade existente no mundo até o seu próprio inacabamento. Dessa forma, Ifá, ao nos contar as histórias, nos lança na possibilidade de desenhar os caminhos com a nossa própria pisada. Em outras palavras, processar o *vir a ser* enquanto parte das ações praticadas no mundo. Ifá convoca a uma educação como prática contínua de liberdade, autonomia e responsabilidade para conosco e com tudo que está ao nosso redor.

Se a educação se compreende como um fenômeno plural, assim como as experiências sociais existentes, consideramos que a tessitura de processos educativos implicados à vida tomada por fartura de axé está ligada à necessidade de identificação, crítica e combate às formas cultivadas e mantidas sobre a lógica dominante. Orientados por um sentimento de mundo em encruzilhada invocamos o poder da palavra como faca de ponta, apostando que as ações de mortandade investem na linguagem para gerir o assassinato do corpo e dos saberes.

A educação no Brasil, grosso modo, tem sido marcada pelo encruzar de forças e pretensões distintas. De um lado, registra-se aquilo que identifica os seres enquanto humanidade, os lançando na condição de experiência do sentir/fazer/pensar o mundo e as suas próprias transformações de forma autônoma e responsável. Na outra banda, manifesta-se aquilo que está engendrado nas formações e subjetivado nos seres enquanto agenda curricular do Estado Colonial.

Nesse sentido, cabe travar a bela e justa batalha de interpelar a educação — toda vez que for reivindicada por alguma boca — sobre o que ela diz para a vida? Assim, seja qual for o malabarismo ou rodopio que se faça, alcançaremos a sua dimensão política como fundamento do ser/fazer. Esse debate traz como força o questionamento sobre quantas e quais educações são possíveis, mesmo que tenhamos como orientação crítica o princípio do inacabamento. Compreendendo que se educa para os mais diversos fins, a educação como fundamento do ser, de seus processos e errância deve ser questionada incessantemente sobre a sua responsabilidade para com a diversidade. Por isso, destacamos as aprendizagens a partir da sabedoria de Ifá, ressaltando um modo de educação pelo dendezeiro.

Estamos aqui para reivindicar que exista dignidade de carregar a vida nas asas da sábia e que no cair da tarde, nos giros da grande roda, imantados e autorizados pelo Tempo, possamos cantar as honras e histórias de nossos ancestrais. Em outras palavras, dizemos que estamos em batalha, e a educação emerge como sapiência mandingueira que nos mobiliza a desencadeirar os arrogantes e expurgar o carrego curtido e sustentado pelos séculos.

O dendezeiro como o signo das potencialidades do cotidiano, das invenções de mulheres, crianças e homens comuns, dos sacrifícios ritualizados no labor das existências e das artes de dobrar a escassez inventando a vida em fartura de sentidos nos propõe um modo de educação inacabado, responsável, plural e comunitário. Ou seja, uma verdadeira rota de desaprendizagem do cânone, o modo que pratica e institui formas aniquiladoras da diversidade.

Conta um verso de Ifá que Iku, em certa ocasião, quis levar Orunmilá. Ao saber disso consultando os ikins, Orunmilá fez um ebó e se cobriu todo de penas. Quando Iku chegou, não percebeu que o homem coberto de penas era Orunmilá e perguntou se ele estava em casa. Orunmilá disse que ninguém mais residia ali. Iku, sem reconhecê-lo, foi embora.

Iku desconfiou e, passado algum tempo, voltou à casa de Orunmilá. Este, ainda disfarçado, convidou Iku a jantar com ele. No fim das contas, Iku acabou adormecendo de tanto comer e beber. Orunmilá aproveitou a ocasião para tirar de Iku a arma, uma espécie de marreta, que este usava para levar os vivos até o reino dos mortos.

Iku acordou em desespero e perguntou a Orunmilá onde estava a sua arma; Orunmilá devolveu, mas com a condição de que Iku não levasse mais nenhum de seus filhos antes do tempo ou sem a sua autorização. Iku aceitou, foi embora sem cumprir o seu intento.

O caroço de dendê, aquele que ensina a driblar a morte, é a bala mais poderosa do tambor da nossa arma.

Eleguá, o pedagogo

"Sintam o menino querido de Olodumare".

EXISTE UM AFORISMO IORUBÁ QUE DIZ O SEGUINTE: *Exu faz o erro virar o acerto e o acerto virar o erro*. A questão que lançamos, tomados por um *devir elegbariano* é a de invocar Exu como fundamento pedagógico na tarefa de inventar um mundo outro. Sendo professores, temos cismado com a ideia de que uma das facetas da educação é a de nos provocar para outras formas de ser. Assim, essa provocação perpassa também pela capacidade que temos de confiar nossas existências, nos refazendo na medida em que nos lançamos como respostas. Nesta perspectiva, uma pergunta necessária a ser feita é se a educação que praticamos no modelo dominante de ensino escolar nos leva a rever as nossas noções de humanidade.

Partindo deste questionamento, podemos refletir sobre a ausência dessa pergunta. Isso ocorre porque temos como base para as nossas reflexões acerca do mundo um modelo dominante de racionalidade que inventa o radical humano como suporte detentor dessa mesma razão que observa, interpreta e julga os acontecimentos.

Assim, nos afastamos da implicação de que somos seres inacabados e de que é a educação que nos processa e nos dá esse arremate provisório. Não obstante, saindo da rota explicativa dominante, encontramos outros referenciais que podem nos apontar caminhos distintos, como é o caso de Exu. A divindade iorubana transladada para as Américas é o signo que nos invoca a pensar a existência humana enquanto prática cotidiana. Os seres são aquilo que praticam com os seus pares ou com as outras formas de vida, daí a dimensão pedagógica de Exu. Na cosmogonia iorubá e nos seus desdobramentos filosóficos na diáspora africana há a presença de importantes conceitos que servem para problematizar essa questão: os conceitos de *iwá* (caráter) e o de *iwápele* (que aqui aproximamos da noção de ética).

Nessa perspectiva, Ifá ensina que tudo que há no mundo, tudo aquilo que é parte da natureza ou foi criado pelos chamados humanos, é dotado de caráter. Neste caso, o caráter é constituído de um sentido que está imbricado a uma ética, que podemos definir como a capacidade de *ser sendo*. Em outras palavras, a ética diz sobre a existência do ser enquanto prática, ou seja, como o ser em seus atos responde aos outros que o interpelam, o habitam e compõem o mundo junto com ele.

Por mais que os seres sejam marcas pessoais, inscrições individualizadas no mundo — a própria disponibilidade filosófica de Exu explica isso — as suas ações são sempre relativas ao outro e por isso devem orientar-se por uma noção de responsabilidade. Em diferentes narrativas do repertório mítico dos iorubás Exu figura como aquele que pune os irresponsáveis e ajuda os que agem de forma comprometida com o *outro* e com o impacto de suas ações no mundo. Por isso, podemos pensar que Exu é o princípio codificador e operante daquilo que entendemos como ética, uma vez que é o efeito que diz sobre a capacidade que temos de responder aos outros e praticar as nossas existências como atos responsáveis.

A ética é o fundamento primeiro da educação. Como já vimos anteriormente, a educação enquanto um fenômeno tecido entre vida, arte e conhecimento (existência, linguagem e experiência) reivindica a orientação do caráter humano (iwá) como possibilidade de constituição de um viver em equilíbrio. Nesse caso, a noção de equilíbrio compreende a dimensão da diversidade, porém não se coaduna com a lógica da desigualdade e da injustiça. A educação emerge como a possibilidade — por meio de uma dimensão filosófica/prática da vida comum — de constituir a experiência social como uma tessitura do "viver em plenitude" ou "bem viver".

Noções assentes em outras experiências socioculturais nos apontam diversas possibilidades para pensar a existência e as relações com aquilo que convencionamos ser o humano e as suas formas de fazer no mundo. Perspectivas do ser/saber como o *sumak kwsai*, noção dos povos andinos falantes da língua quíchua, o *tekó porã*, próprio dos povos guaranis localizados em grande extensão do território latino-americano, o *ubunto*, assente no pensamento dos falantes das línguas advindas do tronco bantu e disponibilidades conceituais como Ifá, Exu, iwá e iwápele, presente na cosmogonia iorubá, nos apresentam outras rotas fora das coordenadas cartesianas edificadas pela dominação moderna-ocidental.

Nesse sentido, vale problematizar algo pertinente para o debate educativo: a emergência de outras rotas como parte de existencialidades e práticas de saber plurais nos serve para confrontar o universalismo do paradigma moderno-ocidental e o seu impacto na formação dos seres. Assim, o exercício proposto é fomentar experiências/aprendizagens que transitem por outras possibilidades de ser/saber e confrontem a dimensão de um modelo de ensino totalitário que escolariza a sociedade em prol da dominação colonial e forma seres monológicos.

Percebam que a tarefa proposta não é a substituição de determinadas formas por outras, mas a capacidade de estabelecer coexistência, diálogo e inteligibilidade mútua. O que os seres formados pelo *ethos* colonial podem "vir a ser" na relação com aprendizagens advindas de horizontes historicamente negados e produzidos como subalternos? Em outras palavras, qual seria o impacto na formação dos seres acometidos pela tragédia e violência sistemática do contínuo colonial se esses tivessem contatos com formas de educação contrárias à dominação? Como seria um modelo de formação de seres que transgredisse o ensino pautado nas premissas universalistas para se lançar em aprendizagens em cruzo?

Perguntas como essas bailam em torno da proposta de tecer uma experiência educativa arrebatada pelo referencial Exu[5]. O orixá é disponibilidade conceitual para pensar os seres e suas possibilidades de "vir a ser", porém é também um signo mantido sob a vigilância e o ataque sistemático do poder colonial. Nessa perspectiva, a negação de Exu enquanto possibilidade explicativa de mundo por parte da agenda colonial é fundamental para a manutenção genocida, epistemicida e semiocida praticada durante séculos. Não coincidentemente, o símbolo máximo e radical referente à linguagem para os povos negro-africanos foi associado ao mal, ao pecado, ao desvio e à necessidade de expulsão. Assim, o que se revela como parte das estratégias semiocidas da dominação colonial ao demonizá-lo é anular, tornar escassa e desencantada toda e qualquer forma de reconstrução dos seres e de suas identidades políticas via linguagem.

Dessa forma, a proposição de Exu enquanto referencial educativo não é necessariamente a escolarização de inscrições negro-africanos, não podemos correr o risco de transportar signos outros sem mergulharmos na profundidade de suas formas de sentir/fazer/pensar. A perspectiva universalista tem feito isso durante séculos, inclusive com muita força na formação dos seres investindo na fragmentação das experiências e na uniformização do pensamento propagado pelo modelo dominante. Foi seguindo essa toada política que nos ensinaram sobre os "índios", os "escravos" e os "descobridores".

Se invocarmos a sabedoria de fresta das gramáticas subalternas para a leitura dessas narrativas, descobriremos que muito pouco ou quase nada sabemos dos povos originários habitantes da faixa de terra nomeada como América, das formas de ser/saber das populações subsaarianas, da face perversa e da ânsia de dominação do homem branco. Fomos lançados em um mundo em que a história e as perspectivas do "vir a ser" são polarizadas entre o "eu" e o "outro", o colonizador e o colonizado, o opressor e o oprimido.

---

[5] Ver Rufino (2018).

Assim, transgredindo os limites de um mundo cindido e do monorracionalismo, a educação montada por Exu elege a encruzilhada, domínio e potência do orixá, como símbolo máximo de suas ações. Invocar a encruzilhada como *loci* de enunciação não pode ser encarado como mero fetiche conceitual, mas sim como prática cotidiana, dimensão política arada no miúdo, atenta, implicada e referenciada por um repertório plural.

A educação enquanto um acontecimento que imbrica vida, arte e conhecimento é a pulsão que faz os seres vibrarem no mundo. Assim, os seres são, a partir do fenômeno educativo, a diversidade de possibilidades de existência e remetem a pluralidade de experiências sociais possíveis, aprendizagens e educações. Como questionaria o caboclo Fanon (2008) ao enfrentar de forma radical os limites existenciais impostos pelo racismo/colonialismo no mundo moderno, o que são os seres senão um SIM vibrando com as harmonias cósmicas. Fechamos com Fanon, Exu e Orunmilá e colocamos como alvo a ser descadeirado o processo educativo reivindicado como modo único de formação de seres e sustentado pelo paradigma de ensino que opera em favor das lógicas coloniais.

Nesse sentido, para os trabalhadores da educação brasileira, cabe a tarefa de nos reerguer diante do soterramento, dos escombros, das fraturas, traumas e assombros do colonialismo. Porém, antes é fundamental entender que o racismo e o colonialismo são produções de mundo e de modos de viver nele. É essa perspectiva que se torna cara e emergencial à tarefa da educação enquanto uma ação de responsabilidade com os seres que foram gerados e apresentados à vida na forma colonial. A tarefa da educação — aqui problematizada enquanto uma amarração de experiência, ética, conhecimento e aprendizagem e em cruzo a um amplo repertório de ações táticas que transgridam os parâmetros dominantes — não é conhecer o mundo, mas transformá-lo[6] a partir da codificação de novos seres[7] que se reconstruam diante da tragédia colonial.

---

[6] Ver Fanon (1968).
[7] Ver Césaire (2008).

Tempos, flechas e caminhos

"Bandeira branca hasteada em pau forte
Trago no peito a estrela do norte,
Deus lhe salve tua casa santa,
Salve a tua espada de guerreiro,
Estrela D'alva guiou meus passos,
Foi quem me trouxe nesse terreiro."

A PALAVRA "IFÁ" É UM SIGNO que comporta diferentes noções e uma confluência de vozes. Na cultura iorubá e nos cursos da sua dispersão pelo mundo, principalmente nas Américas e no Caribe, a palavra designa a divindade de Orunmilá, o sistema poético que guarda as narrativas explicativas de mundo e o meio/fazer oracular que versa sobre as existências, interações e alterações. Assim, podemos pensar o Ifá como um princípio/potência múltiplo, que opera em diferentes tempos/espaços sendo pluriversal, plurilinguista e polirracional[8]. É comum nas narrativas enunciadas pelos praticantes do culto a Orunmilá nomear a força motriz desse princípio/potência a partir da ideia de caminho.

---

[8] Sobre pluriversalidade, ver Ramose (2011). Sobre polirracionalidade, ver Massolo (2010).

Neste sentido, caminho está implicado à noção de possibilidade, imprevisibilidade e inacabamento. É rigorosamente o inverso de "estrada", que pressupõe a rota previamente traçada, com ponto de partida e chegada, sem atalhos.

Os odus, comumente referenciados como os caminhos de Ifá, são signos que guardam as narrativas que registram experiências vividas ou testemunhadas por Orunmilá no tempo mítico. Esses signos, mais do que narrar as possibilidades do *vir a ser* de tudo que existe, também falam sobre as condutas que potencializam ou despotencializam a condição do ser/estar. Assim, as existências são consideradas como dinâmicas, um exercício do ser, uma espécie de ser/sendo: a capacidade de agir de forma responsável com toda e qualquer existência.

Ifá emerge como um inventário de memórias, força, vitalidades ancestrais e como elemento dinamizador que aponta caminhos inacabados, invenções e referenciais ético-estéticos que perspectivam outros modos de existir e outros mundos possíveis. Nesse sentido, atrelar a potência de Ifá ao sentido de destino como comumente reivindicado no imaginário popular, como um curso pré-estabelecido, fixo e imutável, é um equívoco. A sua força opera na dimensão da complexidade e dinamismo. A sabedoria de Orunmilá é como flecha que atravessa o tempo e nos lança na condição de possibilidade. O caminho enquanto fazer ético, a maneira como conduzimos a vida como um ato responsável para com os outros, é um ato responsável para conosco.

Orunmilá ensina através das narrativas contidas em sua poética que, independente dos acontecimentos e circunstâncias vividas, o bem viver está na capacidade dos seres desenvolverem as potencialidades benéficas para sua existência e, consequentemente, para o mundo. O desenvolvimento dessa existência plena (iwápele) pode ser aproximado da noção de *caminho da suavidade*, ou seja, não há uma única forma de ser, o caminho potente para cada um é aquele que faz com que a vida seja um estado de imanência e fazer responsável com as outras existências e caminhos.

Dessa forma, a sabedoria de Ifá coloca a perspectiva de que toda existência emana, para buscar e atingir sua plenitude, viver e se desenvolver conforme o seu caminho, tendo como possibilidade alterar os rumos vividos e alçar novas rotas. Assim, potencializar ou despotencializar a condição do ser é parte do jogo que faz com que a vida seja lida como uma tessitura inacabada, uma vibração a ser regida sobre determinada frequência e ecoada no mundo.

A divindade iorubana que resguarda o conhecimento sobre as possibilidades do *vir a ser* tem um melhor amigo; esse é o adjetivo que descreve Exu em alguns dos poemas de Ifá. Orunmilá e Exu são os únicos que aparecem em todos os livros[9] de Ifá, os 256 odus. A presença desses princípios como estruturantes da cosmogonia iorubá marca a complementariedade de ambos. Assim, eles correspondem a fundamentos explicativos de mundo, forças atuantes na vida comum, complexo de saberes múltiplos e orientação ética aplicada nos cotidianos.

Considerando o que foi dito nos parágrafo acima, recorremos a Orunmilá e Exu, sabedorias praticadas milenarmente, para confrontar as questões seguintes. O colonialismo europeu-ocidental como um projeto totalitário, produtor de um padrão discursivo que investe controle no tempo e nas experiências, propaga a ideia de que a história tem sentido e direção únicos e conhecidos. Assim, a totalização da linguagem referente a esse sistema de dominação produz a presença de saberes, instituições e sociedades em detrimento da descredibilidade, esquecimento e aniquilação de outras formas.

Firmados pela sabedoria da dupla Orunmilá e Exu, concordamos que a crítica ao colonialismo e as ações de exploração de outros caminhos que o confrontem enquanto esfera de poder devem incidir na cisma permanente sobre o tempo. Nesse caso, o tempo em questão é a condição vivida no contexto colonial, o que podemos também chamar de um regime de verdade nutrido pela escassez das experiências e o aprisionamento das temporalidades. Porém, o caminho que sacamos como possibilidade advinda de outras formas de sentir, praticar e pensar o mundo nos indica que a resposta possível diante dessa presença desencantada é a insurgência dos

---

[9] Menção a uma das narrativas míticas da cultura iorubá que denomina os odus como livros da biblioteca de Orunmilá.

submetidos a esse regime de violência e a credibilização das sabedorias e gramáticas assentes nesses corpos.

Dessa forma, a questão se lança não meramente sobre o tempo cronológico, histórico, mas no limite das energias e efeitos advindos dos traumas produzidos na experiência de terror do colonialismo. Ou seja, uma estrada que conduz a um estado permanente de desvio, tortura, desterro, cárcere e não existência. Por isso, é fundamental enfrentar o tempo, aprisionado nas ampulhetas coloniais, com a força da invenção de outras formas de ser.

O que seria, deste modo, inventar outras formas de ser? Antes de enfrentar essa questão, cabe reivindicar Orunmilá e Exu como princípios explicativos e disponibilidades conceituais para a problematização do cárcere temporal imposto pelo regime colonial. Orunmilá é aquele que atravessa os tempos/espaços e é capaz de orientar os seres acerca da sorte. Ele testemunhou a criação, testemunhará a destruição e estará presente em novos recomeços.

Percebam que a palavra sorte é aqui empregada com o sentido de possibilidade, jamais de certeza. Assim, Orunmilá é aquele que permite que os seres, ao identificarem os seus caminhos, possibilidades do *vir a ser*, alterem o mesmo de forma benéfica, assumindo condutas responsáveis, éticas e, quando necessário, o uso de tecnologias para fins terapêuticos. As duas coisas, a conduta e os procedimentos rituais, são ebós capazes de restituir o axé disperso e praticá-lo.

Pelo ato de praticar o axé designamos um modo de relacionamento com o real fundamentado na crença em uma energia vital — que reside em cada um, na coletividade, em objetos consagrados, alimentos, elementos da natureza, procedimentos rituais, na sacralização dos corpos pela dança, no diálogo dos corpos com o ritmo etc. — que deve ser constantemente ofertada, restituída e trocada/transformada para que não se disperse.

Restituição, troca e transformação são caminhos da vida vital; aquela que subverte a morte enquanto condição do ser vivente que não consegue conciliar o caminho que o ori (a cabeça que escolhe o destino) quer trilhar com a vida desencantada pelo massacre colonial.

Dessa forma, não existem sentido e direção única para os seres conforme tem se solidificado na narrativa colonial. O projeto civilizatório imposto pelo ocidente europeu é uma obra insustentável do ponto de vista da ética, pois é erguida sob a violência e o terror. Um verdadeiro estado de exceção que é tomado como norma vigente, que cristaliza a humanidade de uns em detrimento do permanente desvio de outros. O colonialismo é estrada pavimentada. A vitalização do ser enquanto força de transgressão de seus parâmetros é caminho a ser desbravado.

Asfixiados sob a nuvem que sobe dos escombros do passado e não nos permite mirar o futuro[10], o chamado tempo presente é uma obra em função da manutenção da tragédia colonial. Precisamos alargar o presente, apostar nas outras formas possíveis, navegar na espiral do tempo em que Exu serpenteia praticando suas estripulias em forma de acontecimentos. Como ensina uma das narrativas de Ifá, Elegbara é aquele que tomou o tempo para si para reparar as injustiças cometidas. É aquele que acertou o alvo com a flecha ainda não atirada.

Nessa perspectiva, trazendo Orunmilá e Exu como disponibilidades filosóficas, confrontamos o cárcere temporal edificado pelo colonialismo do ocidente europeu para projetar ações de transgressão. Orunmilá e Exu nos permitem pensar o tempo/espaço como algo multidimensional e a formação dos seres como algo que pode vir a ser alterado, perspectivando a potencialidade da existência como um viver pleno, que deve se atentar para a busca do caminho da suavidade (iwápele), a responsabilidade, a ética e a diversidade como modo de coexistência e inteligibilidade mútua.

Assim, o colonialismo como um projeto permanente de descarrilamento das existências opera na produção da miséria e esquecimento, uma vez que investe permanentemente no ataque à diversidade e no controle das temporalidades. A escassez, o desarranjo das memórias, o apagão histórico, o desbaratamento cognitivo, a perda de energia vital e a não potencialização do ser via circulação do axé são efeitos que permanecem ao longo de séculos e substanciam a agenda de aniquilação dos corpos, saberes e linguagens instituídas pelo sistema colonial na modernidade.

---

[10] Menção ao pensamento de Walter Benjamin.

É sobre esses efeitos apontados aqui e por muitas/os outras/os que podemos propor, como fizemos em capítulo anterior, o conceito de *carrego colonial*, problematizando a obra do colonialismo como um empreendimento de morte permanente, que por ser uma demanda atualizável, em termos macumbísticos, necessita procedimentos de encante para a potencialização da vida em sua diversidade. Axé estrategicamente restituído por ebós, em suma.

Enfrentando essa demanda, efeito do carrego colonial, a partir das forças aqui invocadas e dos caminhos riscados, apostamos que a potencialização do ser como modo de supravivência se inscreva na experiência do *vir a ser* arrebatada por uma ética que vise à reparação da tragédia colonial. Nessa perspectiva, a emergência de seres imantados pela responsabilidade de combater o terror e as demais energias provenientes das heranças do colonialismo passa necessariamente por uma educação que enfrente e despache esse carrego. A educação, como algo que também se estabelece na dinâmica dos axés, deve operar ainda no sentido da defesa e do contra-ataque dos seres submetidos ao estado de violência, agora potentes para sair da estrada e trilhar o caminho das flechas.

Flechas que atravessarão os mais diferentes tempos, espaços e, ao riscarem a realidade com suas forças de mobilidade, farão da mesma um chão traçado. Assim, não há exclusão e sim coexistência, inteligibilidade mútua, alteridade, modos de sentir, fazer, pensar e produzir conhecimento nas fronteiras da diversidade. A educação como um fenômeno que baixa nos seres e os permite ir e se constituir nas relações com as diferenças tem um tanto das forças de Orunmilá e Exu. Os cruzos firmados na amizade dessas duas presenças nos permitem ler princípios fundantes dos processos educativos como ética, responsabilidade, pluriversalidade, linguagem, conhecimento, cultura, movimento, inacabamento, atitude, diálogo e vida como sendo dimensões dos poderes de ambos os orixás.

Qualquer narrativa que reivindique a educação como algo avesso à diversidade de formas de existir, interagir com o mundo e desenvolver crítica a partir de múltiplas experiências está a conjurar respostas não potencializadoras para a vida, já que a mesma é radicalizada na diversidade e na plenitude do ser. Assim, a sabedoria de Ifá nos disponibiliza o conceito de iwápele que nos serve para perspectivar uma problematização sobre as presenças, formações e atuações dos seres como caminhos inacabados e possíveis de serem alterados. Em outras palavras, podemos indicar o caminho do ser — o *vir a ser* — e o acabamento provisório de suas ações como educações em sentido amplo, tomado pela diversidade das experiências sociais e não meramente como modo de escolarização.

Aliás, a educação tem sido sistematicamente alvo de captura dos efeitos do colonialismo. Autoritarismo, abuso de poder, censura, exclusão, aversão ao diálogo e à criticidade, apologia à violência e ao terror emergem no horizonte colonial como faces de ideologias políticas racistas, heteropatriarcais, xenofóbicas e de subordinação ao lucro.

Se o projeto colonial se constitui como uma engenharia de morte, quais são as lições a serem sistematizadas e transmitidas para que os seres mantenham seu pleno funcionamento? O que somos, sentimos e fazemos é parte de um itinerário de aprendizagens/sociabilidades que nos lançam diante de uma problematização sobre o direito à vida. Ou seja, somos cotidianamente convocados a responder à vida, a questão que nos é colocada sob a lente da educação é a seguinte: a resposta que daremos será responsável ou não?

Orunmilá e Exu nos indicam caminhos, invocando-os para baixar no terreiro da educação. O primeiro nos dá lições sobre o *vir a ser* das coisas do mundo e nos lança possibilidades de atuação na modulação do nosso caráter. Já o segundo nos encarna para o agir, para o arremate provisório e responsável de nossas existências, imbricando o sentido dos seres e logo da educação como fazer político e pedagógico. A amizade, aqui lida como relação, coexistência e inteligibilidade mútua entre ambos os orixás, nos permite ler o diálogo como fundamento da existência e de todo e qualquer fazer educativo. A cumplicidade dessas forças, nas suas múltiplas caídas e passagens, potencializam a plenitude do ser no mundo como dobra lúdica, criativa e fuga do assombro da morte.

Traquinagem e morte

"Vadeia Dois Dois,
Vadeia no mar.
A casa é sua Dois Dois,
Eu quero ver vadiar".

EM UM BRASIL ENCANTADO, em permanente luta contra o Brasil que é só desencanto, ocorreu o encontro entre os santos gêmeos do catolicismo e Ibeji — o orixá que protege as crianças e representa os mistérios das dualidades que se integram sem se anular. O amálgama entre os santos católicos e o orixá africano (visto aqui mais como acréscimo de força vital que como disfarce para permitir o culto) transformou Cosme e Damião nos donos dos doces e carurus. Festa de Dois-Dois, conforme diz o povo.

Dentre os diversos poemas de Ifá — o conjunto de histórias míticas que fundamenta a percepção de mundo iorubana —, existem alguns que contam as travessuras de Ibeji. O que escolhemos lançar aqui destaca-se pela sua potência criativa de caçar soluções diante da ameaça de desencanto. Assim, na narrativa de Ifá se relata o dia em que Iku, a Morte, resolveu matar todas as pessoas de um povoado antes do tempo previsto. Para isso, Iku montou armadilhas e atraiu as pessoas até elas.

Desesperados, os homens e mulheres não conseguiram deter Iku de forma alguma. Todo dia alguém caminhava em direção às suas armadilhas. Sem saber como agir, os mais velhos resolveram perguntar a Orunmilá, que sabia consultar o oráculo de Ifá, sobre como deter Iku. Orunmilá consultou o oráculo e disse que apenas os Ibejis seriam capazes de deter Iku.

Muitos se assustaram com a resposta do sábio. Os Ibejis eram os filhos gêmeos de Oxum; crianças terrivelmente levadas. Não paravam de brincar, correr, fazer travessuras. Como poderiam deter a morte? Acontece que Orunmilá não errava; os adultos foram então pedir aos Ibejis que eles parassem a morte. As crianças aceitaram a tarefa com a condição de, caso afastassem Iku, receber presentes, doces sortidos e carurus. E ninguém mais poderia mandá-las parar de brincar. O acordo foi feito.

Os Ibejis foram para o caminho em que Iku fazia suas vítimas, seguidos também pelo irmão mais novo, chamado Idowu, maneira como os iorubás nomeiam o primeiro filho que vem depois dos gêmeos. Aqui no Brasil, Idowu virou o Doum, irmãozinho de Damião e Cosme.

Acontece que os Ibejis tinham um tambor enfeitiçado. E foi com o tambor que um dos gêmeos entrou no caminho onde Iku armara suas armadilhas. O outro, bem escondido, seguia o irmão de perto. Idowu, muito curioso, ia mais atrás.

Quando Iku ouviu o tambor, achou tão bonito que resolveu não matar o menino que tocava. A Morte começou a dançar, cantar e bater palmas. Mal sabia Iku que o tambor encantado enfeitiçava os corpos, que não conseguiam mais parar de bailar.

Iku dançava tanto que não percebeu que os gêmeos trocavam de lugar, para que a música continuasse sem parar. Iku se sentiu esgotado, mas não conseguiu parar de dançar. Em certa altura, implorou para que o menino parasse de tocar o tambor.

Os Ibejis, então, propuseram um acordo. Se Iku retirasse todas as armadilhas do caminho, eles parariam de bater tambor. Iku aceitou a proposta e jurou que só levaria alguém quando fosse realmente a hora. Desta maneira, os Ibejis derrotaram a Morte, salvaram o povoado, receberam doces, brinquedos e carurus e passaram a ser reconhecidos como grandes orixás.

Deixaram ainda uma lição: tambores encantados e crianças brincando são capazes de salvar a humanidade.

O que observamos é que grande parte dos seres tidos como humanos tem insistido em não ouvir e creditar as lições deixadas pelos Ibejis. Assim, temos observado ao longo do tempo prevalecer um mundo construído por sentidos de humanidade em que sobressai o modelo dominante de gerenciamento da vida. Esse padrão acaba definindo quais são as formas possíveis de sentir, fazer e ser. A sustentação dessa lógica como sendo o único caminho discursa sobre a grandeza das coisas, sai em defesa da ideia de tornar-se pela aquisição de bens materiais, devoção ao acúmulo, propriedade e a obsessão por um mundo soterrado pelas invencionices que falseiam e iludem os seres os subordinando a uma noção distorcida de bem-estar.

Assim, em nossos delírios, o povoado que os Ibeji podem salvar das artimanhas da morte fica aqui. Os gêmeos vadios em suas traquinagens nos ensinam sobre o exercício de *ser* como defesa da comunidade. A condição dupla representada pelas duas crianças e somada a uma presença terceira, o irmãozinho mais novo ou a "espiritualidade vadia" do ser criança encarnada no tambor, ecoa como narrativa que nos convoca a refletir sobre o sentido de nossas existências como algo contínuo, inacabado e que está imbricado a outras presenças.

Nessa perspectiva, emergem outras possibilidades de se vislumbrar a vida, uma vez que nos mantemos tensionados por um modelo que nos lança ao individualismo e à competição exacerbada. Em primeiro toque, arrebate percutido no couro do tamborzinho, Ibejis e Idowu nos atam no enigma ritmado que desloca nossos corpos e nos falam em voz marota e provocativa: vocês deixaram de brincar e na mesma medida produziram esquecimento, se perderam de vocês mesmos e daquilo que podem vir a praticar como princípio de invenção do ser no mundo. Assim, os moleques nos lembram que uma das capacidades de dobrarmos a morte enquanto escassez está na força do ser brincante. Ou seja, estar para si e consequentemente para o outro pela via da vadiação.

A brincadeira comunga as pertenças e os devires. Somos seres de jogo, nossos corpos são suportes inventivos que enunciam em múltiplas gramáticas, ações criativas, lúdicas e inscrições sagazes que dobram a miséria e o desencante do encarceramento existencial. Assim, no jogo posso ser o que quiser e me embolo ao outro na lida de escarafunchar cada canto do terreiro mundo, quintal, calçada, roda, sombra de mangueira, beira de rio e viela que se arma como palco para a criação. Se o ser está para o mundo como uma possibilidade, a educação o embala no processo do tornar-se via experimentação das alterações nos modos de sentir. Dessa forma, os processos educativos se fiam como uma perspectiva de sociabilidade que, vivida como brincadeira, revela a potência que carregamos e que desenhamos na vida como experiências de fartura, alegria, prazer e conflito.

No jogo cruza-se inocência e sagacidade, disputa e companheirismo, honra e esperteza, negaça e explicação. Ali existe um fundamento vivo, o *outro*. É ele que me espreita, me implica, me incomoda, me move, me faz descobrir a mim mesmo e entender que, seja nas saídas ou entradas da brincadeira, em cada canto eu o encontrarei. O jogo dá a lição do acabamento da vida.

Ser brincante, estar para o mundo via jogo, via embolada dos sentidos que nunca se acabam e se transformam em versos infinitos, nos diz sobre como nos desencantamos ao carregarmos o fardo de um modelo de pensamento que nos fixa em pretensões totalitárias sobre o sentir o mundo. Assim, a questão que os Ibejis e Idowu na relação com Iku nos lançam é: o que posso sentir para além daquilo que me apresentam como limite?

Herdeiros de um tempo que não sabe mais o que é brincar, não se amiúda para ouvir o segredo das pedrinhas, tampouco credibiliza o enunciar das crianças, estamos limitados aos princípios explicativos da chamada razão. Por isso, somos também estrangeiros em nosso próprio corpo, desconhecemos sua força e o que esse suporte tomado pelo transe dos tambores encarnados pela espiritualidade do *ser criança* pode nos dizer. Assim, creditamos aquilo que podemos ver, analisar, conceber, mas pouco nos atemos a sentir. E ele, o sentir, nos lança ao conflito, pois pressupõe o pluralismo, diferentes modos de sentir, ser, fazer e pensar em integração com o corpo, tecendo as mais diversas, amplas e inacabadas experiências de mundo.

Iku ao ser embalado pelo tamborzinho encantado dos Ibeji e Idowu também nos ensina que o arrebate do ritmo, da brincadeira, do transe e da alegria faz o orixá se reposicionar diante a produção de suas sentenças. Assim, os moleques enlaçam Iku no enigma da responsabilidade diante da sua presença e relação com os outros seres. Em outras palavras, o tambor encantado pela espiritualidade do ser criança faz a "morte" vibrar vida. Nessa embolada inscreve-se a lição de que os conflitos gerados pela beleza, pelo jogo, pela dança e pelos corpos tomados pela festa não mortifica, mas aproxima os seres para que sintam outras possibilidades de vir a ser e de tecer relações com o mundo.

Iku é o responsável por encaminhar os seres ao ciclo das existências e suas transformações. Porém, na história aqui invocada, as armadilhas se manifestam como produção de escassez, pois intervém no tempo das coisas. Dessa maneira, as mesmas operam desperdiçando experiências e possibilidades advindas da pluralidade. Na história aqui invocada, Ifá nos ensina, ao contar as travessuras dos Ibeji e Idowu, que a transgressão aos padrões de mortificação perpassa pela capacidade de nos deixarmos encantar pelos tambores que tomam os corpos pelo *ser criança*. Afinal, o que somos? Em um mundo orientado pela lógica da produtividade, acúmulo, competição e individualismo, assistimos, pouco a pouco, o nosso tempo ser alterado e vamos nos perdendo da nossa condição de ser criança.

Nesse sentido, todos nós temos nossos tamborzinhos que devem ser tocados para emanar o embalo contagiante de invocação das belas batalhas, aquelas que reivindicam a brincadeira, a vadiação, a alegria e a festa como fundamento de espanto da miséria, da escassez e da morte enquanto paralisia e captura do tempo. Assim, os moleques nos ensinam a nos lançar a um mundo dotado de diferentes sensações, percepções plurais que reivindicam outras maneiras de fazer e pensar integradas ao corpo. Porém, a questão que nos ata como demanda de existência é se, ao longo dos giros da lua, nós tocamos os nossos tamborzinhos ou esquecemos deles em algum lugar que não conseguimos mais resgatar.

Ifá nos ensina que a morte é o duplo da vida; a mesma, enquanto experiência de passagem pelos ciclos da grande roda, deve ser lembrada, cantada, dançada e alimentada para se emanar na ancestralidade. O contrário disso é o esquecimento, a escassez, a miséria e a injustiça. É aquilo que se expressa no sentimento gerado pelas políticas de mortandade e aniquilamento. A tríade de moleques nos lembra que tocar o tambor da invocação do ser criança é também reivindicar a vida como primado das travessias do tempo. Ser moleque, vadio, inventivo, brincante é estar disponível para o mundo tomado pela força radical da existência: a vida.

Terreirizando a escola

> *"Não há utopia verdadeira fora da tensão entre a denúncia de um presente tornando-se cada vez mais intolerável e o anúncio de um futuro a ser criado, construído política, estética e eticamente, por nós, mulheres e homens".*
>
> [PAULO FREIRE]

EXU É A DIVINDADE IORUBANA que acompanha Orunmilá em todas as suas obras, pois o mesmo é a matriz progenitora, é a força, o dinamismo e a capacidade de realização em tudo que existe ou está por vir. Em um dos versos que integram a vasta biblioteca de Orunmilá conta-se que Exu é a primeira estrela a ser criada, em outro verso ele é identificado como aquele que nem criado foi, pois é a potência que precede todo e qualquer ato criativo. Olodumare é o ser supremo, de sua energia (axé) advêm todas as criações. Orunmilá é aquele que testemunha todos os feitos de Olodumare. Exu, por sua vez, é aquele que participa de todos os feitos e guarda o axé do criador, sendo ele mesmo o movimento propiciador dos acontecimentos. Desta forma, a sua participação nas coisas do mundo, na ordem, na desordem, em todas as possibilidades é indispensável.

Experiência, aprendizagem, ética e conhecimento são elementos que formam aquilo que chamamos de educação; o fenômeno que compreende a formação dos seres em sociedade, nas relações com os modos de vida e interações com as diversas possibilidades das linguagens humanas. A educação trata dos seres e das suas capacidades de elaborar e compartilhar sentidos nas relações. Ninguém escapa do arrebate deste fenômeno, assim como ninguém pode vivenciá-lo solitariamente ou esgotá-lo. Educação é fundamento de Exu, um "vir a ser" que opera nas instâncias da imprevisibilidade e possibilidade, é dialógica e inacabada, imbrica o "eu" ao "outro" e nos lança na condição de tecer a nossa vida como uma resposta a ser dada àqueles que nos interpelam.

Educação é invencionice, viração de mundo, traquinagem de Exu praticada nas barras do tempo, é efeito gerado por aqueles que pulsam e reivindicam uma maneira de pensar e constituir suas vidas nas tentativas de comunicar e tecer as mais diferentes possibilidades de ser. Assim, se educa brincando na rua, virando bicho, rabiscando parede, sentindo dor, vontade e alegria. Se educa na festa, no barulho, na diferença; para os mais variados fins, porém nem tudo que se pinta como "educação" pode ser garantido como algo comprometido com a luta por justiça cognitiva e social. Desta maneira, para que a prosa se alongue é fundamental pontuarmos os pressupostos desse fenômeno que diz sobre a formação dos seres e aqui é lido como sopro de Exu. Educação, nesta perspectiva, implica garantir as potencialidades da vida em diversidade e imanência. Assim, é seu pressuposto a disponibilidade e a responsabilidade com a diferença.

Desta forma, como ficariam aquelas práticas chamadas de educação que são contrárias à diversidade e ao diálogo e são inimigas da imprevisibilidade e da criatividade, pois são obcecadas pela certeza e pelo controle? Formas que se lançam como respostas não responsáveis, ansiosas por totalidades e pela normatividade. Elas julgam-se superiores, anulam outras possibilidades e miram o mundo sob a égide do desencanto.

A educação, como fenômeno humano, é sempre um ato político, como laçaria o caboclo sertanejo patrono da Educação brasileira. Nesse sentido, é reivindicada e praticada para formar os seres a partir das expectativas da sociedade. É uma contradição, todavia, chamar de educação os sistemas ideológicos e suas práticas políticas, de linguagem e sociabilidade, que formam os seres para a desumanidade e para o cultivo da escassez no mundo. Práticas e repertórios de formação de pessoas e mentalidades calçadas no racismo e nas pretensões de dominação devem ser revisadas e devidamente tratadas.

Assim, a tarefa que nos cabe é cismar e nos ater à capacidade de crítica, uma vez que somos condicionados pelo paradigma do ensino e não da aprendizagem. Aprender como parte de uma ética implica a relação responsável e saudável com as diferentes formas de ser e saber. A aprendizagem como tessitura de uma educação horizontal, comprometida e vital implica ética com a diversidade de experiências e conhecimentos enredados nas práticas sociais. Implica uma noção de humanidade integrada à de natureza, implica compromisso com a preservação da vida em toda sua amplitude.

O mundo que nos foi ensinado há pouco mais de cinco séculos produziu a humanidade de uns em detrimento da desumanização de milhões de seres. Assim, inventou-se o "outro", raça, racismo, o indígena, o ser etnocentrado, o não branco, não europeu, desalmado, selvagem, peça, escravo. Nessa perspectiva, não basta matar, escravizar e humilhar. Se o colonialismo opera, em suma, numa lógica de terror e de produção de escassez, é preciso ir além, é preciso aniquilar. É exatamente por isso que o sofisticado sistema de dominação da era moderna caça a linguagem, a captura, aprisiona, investe no esquecimento e destrói. Em outras palavras, o assassinato sistemático dos seres, saberes e linguagens.

O colonialismo é um projeto de morte. Nesse sistema, mata-se de muitas formas: o esquecimento, a escassez de experiências, o monorracionalismo, o monologismo, o enquadramento em uma única possibilidade de ser, a interdição de saberes ancestrais, o desarranjo das memórias, a vigilância sobre a comunicação, o desmantelamento cognitivo e o encarceramento dos corpos são formas de morte. Somos ensinados a viver em um modelo de mundo que descredibiliza e inviabiliza a diversidade. Esta toada de subjetivação de referenciais dominantes faz com que nem mesmo percebamos que pode vir a ser diferente.

A violência colonial opera não somente no limite concreto e biológico das existências, mas no limite sensível, na linguagem, aquela que é uma possibilidade de invenção de outra existência. Por isso, ao longo de mais de cinco séculos catequisa-se, escolariza-se, ensina-se um modelo de existência, conhecimento e realidade fundamentado em uma narrativa totalitária, que dissimula os crimes.

Neste sentido, o ensino que nos foi legado não garante a aprendizagem de formas que rompam com as injustiças produzidas pelo mesmo. A tarefa que nos cabe é a de aprender para além do paradigma dominante. Em outras palavras, aprender outras possibilidades para "desaprender" aquilo que foi ensinado como a única forma.

Ressalte-se que a "desaprendizagem" é aqui reivindicada como um ato de responsabilidade com a diversidade do mundo, uma educação que confronte o paradigma do ensino dominante é uma ação política na busca por construção de outro mundo possível. Desta forma, voltamos a situar nossos esforços no poder que as palavras concentram. Educação não é necessariamente escolarização, aprendizagem não é somente ensino. Certamente, os ideais de escola e ensino perspectivados por um ideal de justiça cognitiva e social balizam-se em horizontes plurais, criativos, éticos e democráticos, mas para isso é antes necessária uma revisão e uma prática implicadas com o combate as heranças coloniais.

Nas escolas brasileiras aprendemos sobre coisas que têm por efeito operar na regulação do conhecimento, pois é ensinado que fragmentos da experiência social, que a rigor é diversa, seriam universais. Assim, determinados conhecimentos que são somente parte das experiências sociais são eleitos para autorizarem e legitimarem o que seria comum a todos. No modelo de formação que vivemos na escola fomos apresentados a Apolo e sabemos que foi em uma visita ao seu templo que Sócrates cuspiu a máxima *nosce te ipsum*, o famoso *conhece a ti mesmo*. Somos estimulados a problematizar a nossa existência, investigar o pensar e a capacidade de nos constituirmos no autoconhecimento, a partir desse referencial, porém desconhecemos as proezas de Exu e Orunmilá.

Devotos da razão e de suas obsessões cartesianas, desconhecemos e ignoramos outras possibilidades de transitar no conhecimento. Nossas escolas, cadernos, livros, ruas, museus e monumentos encarnam nomes como Santo Agostinho, Padre José de Anchieta e René Descartes e não conhecem ou reconhecem a genialidade presente nas obras e gingas de Mestre Pastinha, Clementina de Jesus e Mãe Beata. A contribuição da Santíssima Trindade da filosofia ocidental — Sócrates, Platão e Aristóteles — é fundamental para a história do conhecimento, porém não é ela a responsável pela atividade do pensamento, muito menos pela invenção da produção de conhecimento no mundo. Nessa perspectiva, por que não aprendemos a lição inscrita em um dos pressupostos filosóficos de Orunmilá e Exu, qual seja o de que o conhecimento se manifesta na capacidade de ser ouvinte e narrador em múltiplas línguas, escritas e formas de comunicação e existência?

Assim, virando ponta cabeça, inventando e inventariando outros horizontes possíveis, como seria aprender História pelo ponto de vista dos Tupinambás? Como seria entender o Brasil pelas vozes obscurecidas que foram trazidas pelo enredo da Mangueira em 2019? As histórias que a História não conta cruzaram a Marquês de Sapucaí em uma experiência educativa de grande envergadura. As escolas brasileiras passam semanas a falar sobre a arte do Renascimento (fundamental), mas não ensinam coisa nenhuma sobre as magníficas criações em bronze do Igbo Ukwu, as impressionantes máscaras de Ilê Ifé, os inquices dos Congos, os trabalhos em ferro dos Abomei ou as esculturas primorosas dos artistas da tribo Makonde.

Que tal cruzar a Língua Portuguesa na canoa das palavras inventadas por Riobaldo no Grande Sertão[11] ou pelas oralituras das ruas e esquinas. Como seria encarar a Matemática pelas possibilidades numéricas das caídas do opelê[12] ou pela análise combinatória cotidiana que embasa o jogo do bicho? Como seria ver na Química o elemento ferro pela forja de Ogum, a Geografia pelos pontos cantados da falange de boiadeiros e a Biologia através do conhecimento das folhas de Ossain e do pensamento impresso no perspectivismo ameríndio[13]?

---

[11] Referência à obra literária Grande Sertão Veredas de Guimaraes Rosa.
[12] Instrumento de consulta oracular do culto a Orunmilá.
[13] Menção ao conceito e à obra do antropólogo Eduardo Viveiros de Castro.

Por que não falar da cosmogonia mandinka em sala de aula? Ela ensina que o mundo terrestre — dunya — não nasceu como uma criação, mas como um parto longo e complicado, em que todas as possibilidades de sensações e elementos que marcam um nascimento (amor, dor, angústia, incerteza, alegria, risco, luz, água) se apresentam.

A gênese do mundo é, em larga medida, feita de amor desesperado, força para parir e impulsos de violência e destruição. Neste sentido, a violência é vital e vista como uma necessidade cosmogônica geradora.

A outra grande potência geradora é a palavra. A guerra e a palavra são também ordenadoras das sociedades. Às vezes se enfrentam, às vezes se completam. O mundo não é só humano, ele é primordialmente sobrenatural, mas se manifesta como um espaço para o acolhimento das mulheres e dos homens que respeitem o que não é humano.

Para os mandinkas, qualquer parto reproduz a história primordial de entrega, dor, desassossego, violência, força, amor e beleza do surgimento do mundo. Os mandinkas não concebem a ideia de criação. Concebem a ideia da vida como um imponderável parto e uma eterna disputa — e às vezes interação — entre a violência e o argumento, a morte e a beleza: arte.

Como seria pensar a pedagogia como campo de proeminência/potência de Exu? Talvez essas questões levem a problematizar que a dimensão do reconhecimento, regulação e autorização do que é saber válido é também parte de uma política produzida de maneira sistemática que possibilita determinadas presenças em detrimento da invisibilidade, descredibilidade e aniquilação de outras formas.

Nessa perspectiva, o argumento que reivindica a universalidade de experiências locais, como no exemplo do pensamento grego ou das lógicas cartesianas da modernidade ocidental, é parte de esforços políticos de centrarem experiências particulares de mundo como experiências totais.

Assim, podemos considerar que o paradigma da universalidade não é democrático, uma vez que não considera a horizontalidade das produções de conhecimento. Neste sentido, a horizontalidade está implicada na diversidade de formas possíveis e por isso não pode ser tomada como uma dimensão "uni" mas sim como uma dimensão "pluri". A noção "tornado um", de *unus* mais *versus*, nesse caso seria reinscrita para a capacidade de uma experiência dialógica em meio à pluralidade, ou seja, uma reinscrição nos limites exusíacos (Simas e Rufino, 2018).

Assim, como nos convoca Exu, a tarefa de educar é uma tentativa de encruzar o mundo e praticá-lo como terreiro, ao invés de universalizá-lo. Em outros termos, diríamos através de uma máxima filosófica dos terreiros atribuída a Exu: *multiplicar o um ao infinito*.

O segredo da sassanha

"Eh Katendê, lá na mata da Jurema,
Kosi ewe kosi orixá.
Abô, abô! Preto véio ensinou,
Hoje eu quero me banhar."

[UNIDOS DE PADRE MIGUEL, 2017]

OS ORIXÁS SÃO DIVINDADES PRESENTES NOS ELEMENTOS DA NATUREZA que moram no fogo, nos rios, nos mares, nas árvores, nas montanhas. Ossain mora nas florestas e recebeu de Olodumare, o grande criador, o poder para conhecer todos os vegetais. Ao fazer isso, Ossain descobriu que as plantas podem curar doenças e que as folhas e flores podem nos alegrar, espantando a tristeza.

Ossain caminha com um pássaro no ombro ao lado de Arôni, seu ajudante. Um dia, juntou as folhas mais importantes da floresta e colocou-as numa grande cabaça. Feito isso, pendurou a cabaça no galho de uma árvore. Tal fato despertou a curiosidade de outros orixás, que queriam saber o que Ossain guardava com tanto mistério.

Para resolver o mistério, e instigada por Xangô, Iansã teve uma ideia. Para saber o que Ossain guardava, dançou chamando o vento, seu elemento vital, que derrubou o galho da árvore, quebrando a cabaça de Ossain e espalhando as folhas sagradas pela floresta.

Quando isso aconteceu, os orixás passaram a pegar determinadas plantas e folhas e a considerá-las como suas. Desta forma, aumentariam os seus poderes.

Exu pegou o abéré, que no Brasil chamamos de picão. Ogum pegou o ewé-lorogún (abre-caminho) e o peregun (pau d'água). Oxalá, respeitado por todos, escolheu o odundum (saião) e depois o jimi (língua-de-vaca), capaz de curar problemas de pele com o seu chá. Não parou por aí.

Oxossi preferiu o koriko-oba (capim-limão) e o kaneri (carqueja). Iansã pegou as folhas do agbolá (fedegoso). Oxum ficou com o ododo iyéiyé, a flor do girassol. Como protege as crianças, Oxum pegou também o àrusò, a alfazema, que cura as febres dos bebês. Obaluaiê escolheu o àpèjebi, o popular rabujo, uma folha que cura a asma e as picadas de cobra. Cada orixá escolheu as suas plantas, folhas e flores.

Havia, porém, um problema. Os orixás, mesmo tendo recolhido as folhas que o vento de Iansã distribuiu, precisavam ainda de Ossain, porque só a ele Olodumare dera o conhecimento dos cantos capazes de dotar as folhas do poder, aquilo que chamamos de axé. E é essa a função de Ossain desde então: acordar as folhas com o canto certo, para que elas possam encantar as vidas.

Sem a natureza, as crianças, as mulheres e os homens não poderão viver. Sem as folhas das matas e florestas, não existe cura para as doenças do corpo e as tristezas da alma. Sem o canto, as folhas não se encantam e não nos ajudam.

Desde o dia em que aconteceu esta história, Ossain assovia uma linda canção e brada na floresta para que a humanidade nunca se esqueça: Kosi Ewé, Kosi Òrisà. Sem a folha não existe orixá. Sem a natureza nada é possível, nem mesmo a nossa existência, já que somos parte dela. Apesar disso, a concepção de humanidade celebrada por nós como aqueles que são dotados de razão e capacidade de transformar o meio revela não somente nossas potencialidades mas a arrogância que produz a perda de potência, o esquecimento e se distancia da nossa real condição.

Acumulamos tragédias ao longo do tempo, porém pouco aprendemos com essa marcha. Falamos de aprendizado aqui no sentido de nos reposicionarmos com responsabilidade, atuando e alterando os rumos dessa constância de morte. Romper com o binarismo cultura X natureza, atentar para outras formas de relação com a vida e conceber outra noção de bem-estar que confronte o terror difundido pelo consumo, acúmulo e descarte são caminhos a serem percorridos na tarefa de encantamento do mundo.

No contrato social vigente, aquele edificado em detrimento de presenças e sabedorias múltiplas milenares, o racismo, a colonização, o capitalismo, o patriarcado, o consumo, o dogma religioso e jurídico nos distancia da vida. Nessa lógica vamos nutrindo nossa medíocre existência aniquilando o que há de vida em tudo e construindo uma civilização de assassinatos e escassez. É possível que nossa principal lição, labor educativo, seja a de aprender a ser rio, planta, vento, pedra, calor, bicho, grão de areia miúda; aquela que resguarda a sapiência da plenitude em uma experiência ecológica. Talvez esse seja um início para nos reerguermos com dignidade.

Ossain, onisegun, mago curador, químico, botânico do Egbé Orun (comunidade dos orixás e ancestrais), energia fitomórfica que transita no ayê compartilhando conhecimentos e operando no encantamento dos atos de cura através do poder das folhas, nos convoca: temos que sentir, pensar, praticar a vida em lógicas que integrem as diferentes possibilidades de ser e estar no mundo. Dessa maneira, consideramos que a vida não se classifica no binarismo que edifica o ser humano na condição de privilégio/poder em detrimento das outras formas, nem na distinção entre presenças animadas e inanimadas. Assim, as energias vitais (axé), substâncias dinamizadoras das existências e de suas escritas e trânsitos no tempo, encarnam os mais diferentes suportes que ao serem lançados ao sacrifício, rito cotidiano de movimento, transmutação e adição de força vital, redimensionam o sentido da vida.

Dessa forma, o vivo está diretamente tomado pela noção de encantamento e não necessariamente pela determinação biológica. A vida potencialmente encarnada nas mais diferentes expressões da natureza se expressa também na vastidão de potências e sentidos comunicativos.

Em um sentimento do mundo orientado pela lógica do encantamento, as coisas existentes são, a priori, expressões múltiplas do espírito que se manifestam nos suportes em que os mesmos encarnam para tecer comunicação e produzir dinamismo.

Ossain dá importantes lições sobre a tarefa de nos lançarmos como presenças responsáveis com o todo. Em outras palavras, atitude ecológica; algo bem distinto do jargão utilitário absorvido por um modo descomprometido com a vida em sua pluralidade e implicado somente com o lucro. A atitude ecológica está ligada às práticas cotidianas que rasuram os binarismos produzidos pelo ocidente europeu e pelas políticas contrárias à vida. A presença, o ato, a palavra, a comunicação verbal ou não-verbal são funções de catalisação, imantação e mobilização da vida presente nas mais diversas formas de natureza.

Nesse sentido, cabe ressaltar que mais de cinco séculos de violência colonial produziram uma espécie de quebranto, estado de doença causado pelo olho grande e pela tara de dominação dos senhores que investem na dependência, aquela em que a colônia é subordinada à metrópole. É fundamental que revisitemos as palavras que são invocadas para nos identificar e contemos nossa história, lambuzada no mel, dendê e marafo, para cuspirmos ao vento outra escrita inapreensível pela razão senhorial. Essa escrita é a da magia, aquela que faz morada no oco da floresta, que acorda as folhas para a transmutação do axé e alimenta os *supraviventes* (Rufino e Simas, 2018).

Supraviventes, aldeados no encanto, escritores de gramáticas investidas de esquecimento pelo terror, seres em estado de caboclamento, praticantes de um mundo que mira o nascer dos dias tendo como possiblidade ser arara, boto, cipó, pedra de rio e até mesmo gente. Seres emanados do espírito da floresta. O quebrantar movido pelo Novo Mundo tem como intenção a produção do abatimento, enfraquecimento, prostração até alcançar a destruição por completo. Como herdeiros do latifúndio e da monocultura fixamos os *entes* da floresta, moradores dos lugares inalcançáveis pelos ditos humanos, como lendas e parte de um repertório de narrativas fetichistas que regozijam a limitada experiência de mundo dos civilizados.

Assim, para descobrirmos o poder das palavras que equilibram veneno e remédio, cura e doença como dimensão dupla da existência, precisamos lembrar que os segredos cantados nas folhas de Ossain nos dizem que, enquanto a mata é o tempo/espaço penetrado pela cultura da caça, a floresta é campo de domínio da magia. Na floresta reside aquilo que os sentidos humanos não podem alcançar, para tocá-las é preciso que sejamos parte dela: natureza.

Talvez, a lição assobiada pelo senhor das folhas e fortalecida por outras muitas presenças desse território mágico seja a de nos dizer que a potência da vida se inscreve na sua dimensão ecológica que funda o encantamento. Nesse sentido, devemos encruzar as noções de cultura e natureza, macerá-las e uni-las em única cuia, a ponto que a arrogância de um modo não subordine ou esvazie o que existe de vida no outro. A água da calma de Ossain (omi eró) só se concretiza em axé a partir do encontro entre ingredientes que, sendo eles mesmos, em interação com outros, permanecem e, ao mesmo tempo, se modificam.

A caça predatória, irresponsável e acumuladora é um dos principais símbolos dessa condição aquebrantada do ser que não se reconhece enquanto natureza, mas aposta na perspectiva do lucro, da posse, da subordinação racial e de gênero e no desencantamento do mundo. Eis aí a expressão de um projeto civilizatório indefensável[14]. Em outros termos, a caça como definida acima sintetiza a ânsia de dominação da empresa colonial.

Em contrapartida, os caboclos do Brasil, alinhados aos modos de sentir, fazer epensar negro-africanos aqui aportados nos ensinam sobre a equanimidade nas diferentes formas de ser. Assim, a relação dialógica entre as noções de mata e floresta, caça e magia nas tradições negro-africanas recodificadas nos fluxos transatlânticos, em especial nas experiências do complexo afro-caribenho, em oposição à dicotomia cultura x natureza, exemplificam essa questão.

Dessa forma, a mata como tempo/espaço da intervenção da cultura da caça deve complementar a floresta, complexo que tem a magia como elemento fundante e é determinante para o uso da caça como experiência prudente e ecológica. Em outra perspectiva, nos inúmeros mitos brasileiros, amalgamados pelas confluências de inúmeros povos e sabedorias, a

---

[14] Menção ao pensamento de Césaire (2008).

floresta enquanto assentamento da magia é local de fiscalização, regulação e equilíbrio dos efeitos produzidos pela mata, enquanto espaço de intervenção do homem. Ou seja, a natureza enquanto expressão imanente da vida em diversidade tem nos segredos da floresta, como uma espécie de gnose ancestral, os fundamentos e procedimentos da força das existências.

Nas várias narrativas míticas brasileiras passadas de geração em geração, sobre o status de lendas ou crendices, expressões da espiritualidade da floresta se manifestam em prol da condição ecológica entre as dimensões da mata/caça e floresta/magia. Não à toa, narrativas como as do Curupira, Boitatá, Caipora, Cobra Norato, Cobra Grande e do próprio Saci-Pererê marcam a dinâmica da presença, conhecimento e ação desses *entes* na regulação/potencialização da vida em sua diversidade.

Assim, existe um fio condutor nessas narrativas e no protagonismo desses seres da floresta que atuam pregando peças e colocando em situações desastrosas os caçadores irresponsáveis e gananciosos, ao mesmo tempo em que ajudam e proveem de prosperidade aqueles que cumprem os ritos e pedidos de licença ao tempo/espaço do encanto. Como diz a máxima filosófica circulada nos terreiros que comunica a dinâmica entre essas diferentes esferas e invoca um caráter prudente em favor da vida: caçador que sabe o valor da caça não a ataca, a seduz.

Ossain seduz as folhas com seu canto. Ele é o próprio espírito que nelas reside, aquele que conhece os segredos mais profundos da vida, sua diversidade e ambivalência, podendo ora ser o remédio, ora ser veneno. O orixá cruza o Atlântico como saber praticado por aqueles que aqui aportaram destituídos de dignidade pela escravidão. Assim, podemos incorporar Ossain como palavra remediada de cura que confronta o quebranto colonial e as múltiplas faces do racismo, como o epistêmico e o ambiental, envenenando seus praticantes.

O mito das folhas de Ossain é uma história exemplar do compartilhamento do saber. As folhas se espalharam. O conhecimento se espalhou. Mas ele de nada vale se não for vitalizado pela dimensão do encantamento do mundo; a prática de ensinar e aprender a partir da tarefa lúdica e responsável de acordar, dentro de cada um envolvido no processo, o mundo todo.

Saravá nossa banda

"Umbanda tem fundamento é preciso preparar".

OS ENCAPSULADOS EM PADRÕES EUROCÊNTRICOS não vão gostar, mas no sentido do ponto que riscamos como epistemologia das macumbas, o Caboclo das Sete Encruzilhadas é o camisa 10, um dos inventores da aldeia Brasil, e a umbanda é tratado político que versa sobre os conflitos, ambivalências e possibilidades dessa terra. A versão mais famosa para a criação da umbanda fala que um dia, no distrito de Neves, São Gonçalo, o jovem Zélio de Moraes sofreu uma paralisia inexplicável. A mãe de Zélio o levou a uma rezadeira chamada Dona Cândida, que recebia o preto velho Tio Antônio. Corria o ano de 1908.

Tio Antônio disse que Zélio deveria se dedicar ao trabalho espiritual. No dia 15 de novembro, o rapaz foi levado à Federação Espírita de Niterói. Ele e o pai sentaram-se à mesa. Logo Zélio levantou-se e disse que ali faltava uma flor. Foi até o jardim, apanhou uma rosa e colocou-a, com um copo d'água, no centro da mesa de trabalho.

Ainda segundo a versão mais famosa para o evento, Zélio e diversos médiuns receberam caboclos, índios, pretas e pretos velhos. Instaurou-se, na visão dos membros da Federação Espírita, uma enorme baderna. Advertido por um dirigente, o espírito incorporado em Zélio perguntou qual era a razão para evitarem a presença dos pretos e caboclos do Brasil, se nem sequer se dignavam a ouvir suas mensagens. Seria por causa de suas origens sociais e da cor?

Um membro da Federação perguntou o nome do espírito que Zélio recebia. A entidade disse que daria início a um culto em que os espíritos de pretos, índios e povo das ruas assumiriam o protagonismo para cumprir a missão que o plano espiritual lhes confiou. O culto falaria aos humildes, simbolizando a igualdade entre todos. E arrematou: "Se querem saber meu nome, que seja este: Caboclo das Sete Encruzilhadas, porque não haverá caminhos fechados para mim".

Estudiosos da história da umbanda, ao destrinchar o mito de origem, registram que ela resulta do amálgama entre ritos de ancestralidade dos bantos, dos calundus, pajelanças, catimbós, elementos do cristianismo popular e do espiritismo. Há quem ache que representou a cristianização dos ritos africanos; há quem ache que africanizou o cristianismo e se definiu como religião brasileira. As duas hipóteses não se excluem, elas moram na encruzilhada.

Na anunciação, Seu Sete Encruzilhadas estava na bronca porque o centro não permitia a chegada dos índios, caboclos e pretos velhos. No novo culto, os espíritos dos submetidos pelo projeto colonial chegariam para dar passes, curar, dançar e entoar cantigas. Porém, como se inscreve no aforismo cantado pelo capitão da encruzilhada, Seu Tranca Rua das Almas: nesse campo de mandinga se joga o punhal de ponta pra cima e ele cai de ponta pra baixo. Em outras palavras, a umbanda, mais do que uma religião que inscreve os dilemas, conflitos e ambivalências das identidades no Brasil, emerge como contínuo de táticas, invenções e sabedorias de fresta encruzadas por presenças cosmopolitas que reivindicam o inacabamento do mundo, outras forma de sentir, fazer e pensar para praticar batalhas cotidianas.

Assim, muito antes da baixada do caboclo em Neves, temos como indício e perspectiva que a tessitura desse culto plural, inacabado e codificado nas bandas de Aruanda vem se versando como um complexo de práticas de saber. Eles se riscam nas necessidades por respostas políticas contrárias à violência colonial engendrada nas Américas, a partir dos chamados descobrimentos e continuada durante os séculos de exploração. Dessa forma, os trabalhadores, daqui e de acolá, formam uma macaia de herdeiros de expressões e saberes comunitários que tecem essa rede ampla.

Nesse sentido, ressaltamos que o complexo citado tem mais a ver com a emergência de práticas de cura e de guerrilha cotidiana das culturas subalternas do que qualquer outra coisa. Ou seja, estamos falando da abertura de um campo de batalhas nas múltiplas dimensões da vida que nasce da necessidade de dar trato às demandas (no sentido macumbistico) e à kiumbada que come na gamela da empresa colonial. Em outras palavras, firmamos o ponto: o que se chama umbanda é também resposta ao terror, é proposição de uma política espiritual, em sentido abrangente, aos traumas produzidos.

Orientados por um pensar macumbado, que se atenta para o exercício filosófico de escarafunchar a linguagem caçando entenderes no não dito e negaceando formas no que é falado, partimos da sugestão de que a umbanda é um dos pontos riscados que enigmatizam parte dos dilemas sociopolíticos do Brasil. Nesse caso, tratamos como umbanda aquilo que se reivindica como tal, seja através de qual discurso for. A umbanda nesse caso passa pelas tradições firmadas em seu mito de origem, mas vai além. Assim, há de se considerar em sua dinâmica todo o assentamento de práticas culturais que dialogam e se cruzam no contexto urbano da cidade do Rio de Janeiro anterior a essa data e os demais acontecimentos e outras rasuras praticadas sobre a dimensão do rito até os dias de hoje.

Não coincidentemente, a mesma lógica pode ser empregada para se pensar o Brasil. Lugar que pode ser lido nas dimensões das capitanias, latifúndios, catequeses e quartéis. Uma nação parida em sucessivas articulações para a manutenção da desigualdade, dos privilégios e ilustrada sobre a mitificação de uma democracia racial. Em outra perspectiva, o Brasil que salta nas fronteiras enquanto possibilidade é aquele que se multiplica em 7 mil encruzilhadas e se aviva no exercício de sua brasilidade, espiritualidade plural que rasura e azucrina a intransigência do Brasil que se quer oficial.

É sintomático que a umbanda tenha começado a estruturar o seu culto em um momento singular dos debates sobre a construção da identidade nacional: o pós-abolição e as primeiras décadas da República. Em certo sentido, o que o Caboclo das Sete Encruzilhadas anuncia não é só a religião. A chegada dos pretos velhos, dos caboclos, do povo de rua, da linha dos ciganos, dos boiadeiros, dos baianos aos terreiros do Brasil diz muito sobre a história do samba, da capoeira e da popularização do futebol. Diz ainda sobre a inviabilidade de se pensar a identidade nacional com a confortável fixidez que os ideólogos do branqueamento racial e os gestores do projeto colonial, continuado pela República, sugeriam no período.

A história da umbanda e os significados do seu mito fundador contam muito sobre os tensionamentos da formação brasileira. Há um país oficial que ainda tenta silenciar os índios, os caboclos, os pretos, os ciganos, os malandros, as pombagiras (mulheres donas de seus corpos em encanto) e todos aqueles vistos como estranhos por um projeto dominante amansador de corpos, disciplinador de condutas e aniquilador de saberes.

Uma leitura em encruzilhadas nos leva a encarar o dia 15 de novembro, dia da anunciação da umbanda pelo caboclo das Sete Encruzilhadas e dia da proclamação da República do Brasil, como caboclo amansando bicho brabo. Ou seja, encarar a demanda para vencer demanda. Assim, como *seres* macumbeiros que somos — e pouco religiosos — fazemos uso da orientação desse complexo, que tem por base analítica o cruzo e o encante como potência de observação e prática de mundo, para pensar o acontecimento da fundação da umbanda no mesmo dia da proclamação do Brasil. Temos aí um importante indício para revermos nossa história e inscrevermos outras políticas que tenham como orientação ética/estética as identidades subalternizadas.

Assim, de um lado temos mais um dos episódios exaltados e lidos de maneira linear que contribui e fortalece o Estado Colonial brasileiro e o não tratamento das injustiças produzidas ao longo do tempo. Na outra banda, o auspício cuspido da boca do comunicador caboclo da encruza que proclama em uma mesa de sessão espírita a "Nação" de Aruanda. Porém, metendo a mão mais fundo na cumbuca e raspando o tacho, se a história do Brasil se mistura à da umbanda e vice-versa, é fundamental uma leitura traçada que explore a pluralidade de versos possíveis nesses acontecimentos comemorados no dia 15 de novembro. Para isso é fundamental mergulhar na teoria da principal referência do babado, Seu Sete Encruzilhadas, seja ele caboclo ou o que quiser ser. A máxima da encruzilhada é não definir um único caminho. Dessa maneira, caminho é possibilidade. Imaginem isso multiplicado ao infinito.

Nesse sentido, é fundamental considerar que antes dos marcos de 1889 e 1908 as encruzilhadas do Brasil já comiam e por isso se redefiniam em múltiplas possibilidades de histórias que precisam ser investigadas e contadas por aí. No Rio de Janeiro, os calundus, a macumba carioca, as pajelanças, omolocôs e o trânsito entre o catolicismo popular, o chamado paganismo ibérico e as demais tradições em diáspora se atravessam para codificar outra coisa. Uma expressão tão diversificada e inacabada que o que vale é a escrita da lei de pemba, aquela que baixa e inventa o terreiro e respectivamente o mundo, inventariando formas de fazer muitas vezes na mais intensa precariedade.

Não livre de contradições e das tensões dessa terra, essa cultura vai ganhando diferentes roupagens, reivindicações e usos distintos. Nesse caso, vai do terreiro de terra batida na favela em que quem manda é o preto velho até a macumba sem tambor da classe média que busca "assepsiar" as chamadas marcas do atraso oriundas do "baixo espiritismo". Da absorção de seus referenciais por uma política identitária do Estado-nação adequada ao mito das três raças e da suposta cordialidade do povo brasileiro até a manutenção de práticas comunitárias seculares e sabedorias ancestrais que versam na cura e no fortalecimento de outras identidades políticas. Nas nossas andanças vimos pajelança amazônica que se dizia umbanda, encantaria capitaneada por Tóia Jarina que se nomeava da mesma maneira, Catimbó de mestre Sibamba que reivindicava o mesmo prefixo e candomblé angola que, pra não falar que era um ou outro, se definia como "traçado".

A umbanda tem em seu fundamento os caboclos, antinomias da civilidade, supraviventes, aqueles que dobraram a morte via o encanto e contrariam o estatuto de humanidade dos homens brancos, pois no cair da tarde deixam suas choupanas para rastejar nas estradas de areia. As pretas e pretos velho, os eguns da afro-diáspora, anciãos e xamãs de África que cruzaram a calunga grande para restituir em forma de batalha, cura, acolhimento e mandinga uma política contrária ao terror implantada pelo racismo, escravidão e colonialismo. O povo da rua, praticantes dos espaços, enunciações, corpos vibrantes que da margem do Novo Mundo expõem as contradições, ambivalências e a rasura do pecado e dos regimes de verdade empregados por um sistema espiritualmente corrompido[15]. Retirantes, seres da terra, pessoas comuns, crianças, beberrões, viajantes, trabalhadores que cavalgam nas emanações das naturezas que estruturam a vida. Eis, nessa amálgama, um complexo de presenças, saberes, potências e possibilidades que se lançam como *decoloniais* antes mesmo da inscrição do termo.

A umbanda emerge como política codificada no plano espiritual e encarnada na vida comum para abrir caminhos diante das esferas de poder empregadas e mantidas pelo contínuo colonial. A toada de inferiorização de sua presença e de suas práticas é uma corrente em um Brasil que se conserva estruturalmente racista. Espremida pelo preconceito e pelas ações terroristas de ataques aos terreiros por designações político-teológicas, a prática é ainda desqualificada por discursos essencialistas que erguem bandeiras de purezas no meio da encruzilhada em que o Brasil foi assentado. Sofre também do desprezo que o monorracionalismo viciado e eurocêntrico nutre pela multiplicidade de suas potências.

A questão que nos aperreia é: crescemos em uma cidade macumbeira em que ser ou não ser do babado não era exatamente a questão, mas em que a sociabilidade mediada pelo encanto era uma possibilidade na labuta de inventar o mundo. O filósofo que baixa em nossos aparelhos logo entoaria em forma de ponto cantado: *suburbano logo macumbeiro!* Nessa peleja que é a vida se batizava menino na igreja e no terreiro, tinha rezadeira a dar com pau, Cosme e Damião era no mínimo uma semana de caganeira de

---

[15] Menção ao pensamento de Césaire (2008).

tanta fartura, nas nossas ruas se alugavam ônibus na virada do ano pra macumbar na praia e Seu Sete da Lira era o relações públicas da cidade.

O fato é que o Rio de Janeiro mudou muito, o Brasil também. A festa, o transe, o ritmo, a vida miúda é hoje esmagada pela celebração tacanha que aviva o kiumba da falsa república e da agenda de privilégios daqueles obsidiados por um mundo totalitário. Porém, algum tambor há de bater hoje, amanhã e no depois. Nossa tarefa é atirar a flecha no tempo rogando amor e fúria. Amor que substancie nosso olhar encantado para o mundo e fúria que alimente nosso inconformismo contra as injustiças e a nossa rebeldia diante das desigualdades. Assim, para os trabalhadores da lei da pemba cabe refazer os cursos das histórias para afinarmos nossa presença enquanto crítica e não meramente como conformidade nos nossos terreiros.

É por isso que firmamos que o Caboclo das Sete Encruzilhadas permanece sendo um poderoso intelectual brasileiro e a macumba uma ciência encantada. Para nós, não é mera coincidência que seu brado insubmisso tenha sido lançado no aniversário da proclamação da República. Seu protesto gritado na ventania, suas flechas atiradas na direção da mata virgem, clamam por uma aldeia que reconheça a alteridade, as gramáticas não normativas, as sofisticadas dimensões ontológicas dos corpos disponíveis para o transe, a generosidade dos encontros, as tecnologias terapêuticas e populares do apaziguamento das almas pela maceração das folhas e pela fumaça dos cachimbos do Congo.

É ainda o brado mais que centenário do Caboclo das Sete Encruzilhadas que joga na cara do Brasil, como amarração, nosso desafio mais potente: chamem os tupinambás, os aimorés, os pretos, os exus, as pombagiras, as ciganas, os bugres, os boiadeiros, as juremeiras, os mestres, as encantadas, as sereias, os meninos levados, os pajés, as rezadeiras, os canoeiros, as pedrinhas miudinhas de Aruanda. Chamem todas as gentes massacradas pelo projeto colonial (e cada vez mais atual) de aniquilação. A pemba risca os ritos desafiadores de afirmação da vida.

A história exemplar da umbanda é um ponto riscado de louvação aos excluídos pelo Brasil oficial. Ao cultuar (aparentemente) os mortos, é exatamente contra a morte que o brado e a flecha do Caboclo ainda ressoam: quem encantou a sucuri, macerando no toco a folha serenada, despertou de beleza a mata escura.

Cidade terreiro

> "Mares e rios são também cemitérios- ou calungas, para usar um conceito mais abrangente. Calungas são lugares de morte: e nas águas estão os náufragos, os afogados, os marinheiros cujos os corpos são lançados nesse elemento. Muitos desses espíritos vêm depois afundar navios, botes, jangadas, canoas. Porque (dizem os velhos) também detestam solidão. Tudo, no fundo das águas, é exatamente como aqui".
>
> [ALBERTO MUSSA]

O QUE SÃO AS CIDADES SE NÃO VERSOS paridos e emanados dos corpos daqueles que a praticam? Essas vibrações podem se inscrever como feitiço de ódio ou amor, palavra de cura ou quebranto. Dessa maneira, há uma leitura de mundo que precede a da palavra[16] inscrita no cruzo entre ritmo, saliva e hálito. Eis que se ata o ponto; quem faz a cidade, a esquina, a prosa, o cotidiano e o mundo? Quando a água do rio é funda, os cismados com seus encantos se lançam ao banho na beirada. O que habita as águas do Rio como enigma, história e faz com que ela seja uma baía de águas

---

[16] Menção ao pensamento de Paulo Freire.

limpas e turvas são as ambivalências oriundas da tragédia que o cerca e atravessa o tempo. Nessa rota, para dobrar as encruzas e ritualizar a vida cavoucando soluções não cabem reducionismos, tampouco se embriagar na alucinação maniqueísta, uma vez que aqui se enlaça a cidade que é parte do tratado dominante da metrópole e a aldeia, campo formoso que resguarda astúcias de transgressão da escassez e desencante.

O desterro, a condenação e a vala são pavimentos da obra de barbárie do processo civilizatório[17], plataforma política, defendida pelas sociedades ditas desenvolvidas, que se edifica em detrimento da aniquilação da comunidade, dos assassinatos de gentes, seus mananciais de saberes e linguagens. Percebam que colocamos em rasura não a pluralidade de formas de organização da vida e de prática de mundo, mas a agenda dominante calçada durante séculos de espólio e terror mistificada na ordenação e no progresso. Assim, pensar as cidades na dinâmica daquilo que é encruzado nos cotidianos, ritos miudinhos e plurais, nos possibilita alcançar um repertório de ações inventivas e combatentes do terror colonial que aqui fizeram morada.

Assim, a cidade simulacro, sitiada, militarizada, alicerçada por *zonas do não ser* (Fanon, 1968), entrincheirada entre ganância e miséria, silêncio e esporro, flor e faca, mar e encostas é também a cidade das flechas miradas no tempo, do sacrifício arriado na kalunga e da imantação da memória ancestral em pedras que sustentam o caminhar das mulheres e homens comuns. Por aqui, da violência sistemática às formas de inscrição nos vazios se travam disputas desiguais e sensíveis que transbordam os limites da materialidade. Mesmo não credibilizadas, as outras dimensões da existência e do exercício do ser afetam e alteram a construção da vida que é levada nessas bandas. Em outras palavras, parimos a macumba em solo carioca, seja como reivindicação de uma noção que compreenda uma experiência de ritos codificados no contexto urbano da cidade do Rio de Janeiro ou como política, amálgama de sabedorias ancestrais que inscrevem a vida enquanto possibilidade criativa e de quebra ao desencanto.

---

[17] Menção ao pensamento de Walter Benjamin.

Nessa rota, dizemos ludicamente que nos inspiramos nas lições do Caboclo da Pedra Preta, aquele que cantou a beleza da pedrinha miudinha de Aruanda e encontrou no que aparentemente é insignificante o caminho para entender e indagar o mundo. Para nós, Walter Benjamin consultou-se com ele numa macaia imaginada. Buscamos pensar a cultura carioca a partir de um poder que Exu, o orixá iorubano, tem: o de ser "enugbarijó", a boca que tudo come. Exu come o que lhe for oferecido e, logo depois, restitui o que engoliu de forma renovada, como potência que, ao mesmo tempo, preserva e transforma. A cidade que nos interessa é aquela que nas frestas e esquinas ritualiza a vida para o encantamento dos cantos e dos corpos.

Nosso tempo é assombrado e adoecido de "ismos", não duvidamos disso. Nossa gente clama por revoluções libertadoras que são, paradoxalmente, normativas. Há quem desqualifique os saberes da gira; há quem os abrace exoticamente como modos de fazer alternativos, sem a coragem, todavia, para o mergulho que raspará o fundo do tacho; há quem os veja de forma paternalista e simpática, sem descer do pedestal de suas epistemes viciadas.

Caladas por uma cidade oficial historicamente propensa a demolir seus lugares potenciais de memória, em constante negação do que somos e não queremos admitir, as culturas historicamente subalternizadas das ruas do Rio reinventaram a vida no vazio do sincopado, sambando, ousando discursos não verbalizados e soluções originais a partir dos corpos em transe e em trânsito, em desafiadora negação da morte, solapada pelo bailado caboclo dos ancestrais que baixam em seus cavalos nas canjiras de santo. Aqui, afinal, no meio do mais absoluto horror, falaram também aguerés, cabulas, muzenzas, barraventos, avamunhas, satós, ijexás, ibins e adarruns. Na maioria das vezes, proibidos. Sempre vivos. As folhas foram encantadas pelo korin-ewé que chamou Ossain, o Katendê dos bantos. Os toques do tambor são idiomas que criaram, nos cantos mais inusitados da cidade, espaços de encantamento do cotidiano: terreiros.

Muito além de ritos religiosos, nossas macumbas (sambadas, gingadas, funkeadas, carnavalizadas, dribladas na linha de fundo) traçam as tramas do diálogo com ancestrais e apontam para os corpos cariocas como assentamentos animados, gongás feitos de sangue, músculos e ossos, carregados de pulsão da vida. Não há encruzilhada da cidade que não fale disso. Entretanto, existe quem prefira a cidade desencantada, aquela que não assusta por ter dispersado o seu axé, adequadamente moldada para a circulação de carros e mercadorias, vitimada pela sanha demolidora da bandidagem engravatada, devastada em seu imaginário de afetos: do Maracanã de tantos gols, da Uerj[18] de tantas ideias, das barbearias de rua, dos botequins mais vagabundos, dos açougues e quitandas da Zona Norte, das sociabilidades meninas dos debicadores de pipa, dos pregoeiros da Central, da malandragem do jogo de ronda, dos artistas anônimos do Japeri, dos boiadeiros cavalgadores dos ventos, do malandro das Alagoas e dos tupinambás flechadores de Uruçu-Mirim descendo em gira de lei.

De uma cidade sem o sal da memória dos dias longos e da noite grande não sairá nada. Estamos agonizando e não acreditamos em nenhuma transformação efetiva no Rio de Janeiro que, no combate aos kiumbas poderosos e na luta pela justiça social, desconheça o manancial que as culturas do tambor representam e as formas desafiadoras de narrativa que elas elaboraram sobre o lugar. A lufada de esperança vaga que temos é porque continuamos apostando que nas frestas — entre as gigantescas torres empresariais viradas em esqueletos de concreto e as ruínas de arenas multiuso — os couros percutidos continuarão cantando a vitória da vida sobre a morte no terreiro grande da Guanabara. A nossa história afirma isso em cada gargalhada zombeteira dos exus, daquelas que saem dos terreiros entocados, das brechas, do cu do mundo, das tocas de bicho-homem, das saias das pombogiras, da lua de Luanda e da terra, essa aqui que nos pariu e nos ensinou que a vida não é, não pode ser e não será só isso que se vê. As cidades, afinal, são territórios em disputa. O jogo que envolve essa disputa se estabelece em teias tecidas pela construção de lugares de memória, confrontos de narrativas, permanências, rupturas, ressignificações, práticas cotidianas, estratégias de afirmação, vozes amplificadas e outras tantas silenciadas.

---

[18] Universidade do Estado do Rio de Janeiro.

Assim, camaradinhas, firmando esse ponto lançamos a flecha: a história de uma cidade também pode ser entendida por aquilo que ela já não é. A cidade pensada em perspectiva histórica, inscrita no tempo, a partir do embate cruzado (e não dicotômico) entre o sublime e o belo, a civilização e o encante, o afago e a porrada, a razão e o intuído, o caminho reto e a encruzilhada, é a que nos interessa. Lemos a história do Rio de Janeiro como enigma de amarração, jamais como uma realidade objetiva de datas sobrepostas e monumentos perfilados. Nossa episteme é o cruzo entre o que se passa pela universidade e é curtido em terreiros de macumba. Dessa maneira, nos recusamos, portanto, a discutir algumas questões polêmicas sobre o Rio de Janeiro dentro apenas de um paradigma de legalidade higienizador, fundamentado em um projeto civilizatório que maneja o mito do "carioquismo" como simulacro da informalidade, enquanto na prática se alimenta desse mesmo simulacro para moldar a cidade como o balneário de grandes eventos capaz de atrair vultosos capitais.

Como podemos saber o que é um carioca se a cidade é o território em disputa que pulsa na flagrante oposição entre um conceito civilizatório elaborado a partir do cânone ocidental, temperado hoje pela lógica empresarial, e um caldo vigoroso de cultura das ruas forjado na experiência da escassez? Onde situar uma identidade no meio dessa marafunda? No horizonte da invenção da sobrevivência, o Rio é terreiro. O símbolo da cidade, para nós, não é o Cristo, o Maracanã, Copacabana ou Madureira. É um pedaço de pau, aquele que tanto serve para se bater nos corpos como para se bater no couro do tambor. Morte e vida cariocas. O debate sobre a cidade é necessário e não pode se restringir a uma política de resultados que não problematize nosso drama urbano. Para que ele seja vigoroso, afinal, é conveniente evitar também a imatura e messiânica romantização do precário (de mitos já nos basta carregar a cruz do carioquismo maneiro) e o discurso iluminado dos que se acham sabedores do que é melhor ou pior para as gentes daqui. O Rio de Janeiro é, fica a síntese do que foi colocado, uma merda que fede e nauseia, mas aduba vigorosamente, na força incomensurável do sublime, a vida.

O cotidiano da cidade reverbera as ambivalências, a dimensão encruzada do ser lançado aos ataques da empresa contrária à vida e a incessante busca na produção de presenças, táticas, formas de sobrevivência inscritas na criatividade, transgressão e remontagem dos cacos existenciais. Essa toada dá o tom das porradas, pancadões e ritmos frenéticos que gritam nas dobras. Se a cidade que pulsa na margem é dotada de uma espiritualidade, essa não é santa, mas vadia que ginga e se desloca praticando os espaços e tempos possíveis. Outro aspecto é aquilo que o preto velho cantou como a cidade do colono e do colonizado. Militarizada, violenta, insalubre, hostil, miserável e humilhante. Ergue-se um muro, um abismo, uma linha, do outro lado a administração, a civilidade, o olhar de um corpo que se ergue como possibilidade do ser em detrimento daqueles que habitam o outro lado da linha.

O desafio está lançado há tempo, atravessa as dimensões e serpenteia em torno das condições do alvo. Assim, cabe aos trabalhadores das giras cotidianas que cruzam as esquinas da cidade para inventar formas de sobrevivência exercitar o ver, para além de simplesmente o olhar. Dessa maneira, sentir, fazer e pensar quais mumunhas são necessárias para erguer o encante como fundamento de um mundo novo e de fortalecimento da comunidade. A cidade foi construída soterrando cemitérios indígenas. Foi reformada soterrando cemitérios de africanos. O que salvou o Rio minimamente foi a macumba, chamando tupinambás e pretos novos e velhos para viver nas giras de lei, pitando cachimbos e lançando flechas encantadas. A macumba emerge como grande aventura comunitária carioca, de braços dados com o samba. Assim, se risca como uma das mais potentes saídas — corporal, epistêmica, encantada, sofisticada, surpreendente — contra a asfixia do colonialismo e o carrego aqui rogado.

A cidade é aquilo que praticamos. Assim, o Rio é aquilo que é inventado cotidianamente enquanto terreiro. Lembremos que os terreiros são as saídas táticas, a partir da prática do tempo/espaço por aqueles que rasuram as lógicas da desterritorialização e da aniquilação. Dessa forma, a experiência do desterro se dá via retirada compulsória e também pelas vias da descredibilização do ser e de seus saberes enquanto possibilidades. Para a maioria dos seres que não repousaram nas cadeiras dos privilégios arranjadas sobre os alpendres da Casa Grande, resta inventar terreiros como ato de desobediência, transgressão e continuidade.

Pensemos o Rio por essa perspectiva: um enredamento de terreiros encravados entre as montanhas e o mar. Por aqui corre a gira de falanges ameríndias e africanas que na relação com os europeus rodopiaram na mesma canjira. De vez em quando, diríamos até que muito frequentemente, os encantados de falanges diferentes saem no cacete e a curimba esquenta. Eventualmente, porém, vira-se mundo e o povo faz "trabalhador" na gira cruzada e firma ponto para inventar a vida enquanto possibilidade.

A escrita riscada no encante da pemba nos revela uma cidade que é tempo/espaço em disputa; em um jogo que nem sempre se desenrola de forma igualitária para os seus praticantes e que em muitas das vezes o uso do artifício do desencante é artimanha dos poderosos. Ler a cidade do Rio na perspectiva do encante é tarefa para aqueles que aprenderam a versar na língua do povo do congo e bradaram alto no campo de batalha, feito guerreiro tupinambá. É tarefa para aqueles que sabem a potência da diversidade, dos diálogos e dos trabalhos feitos na artimanha do transitar pelas diferenças.

Lendo em múltiplos dizeres e entenderes, vamos mais longe na canjira carioca: Pereira Passos está encantado numa águia daquelas do Theatro Municipal. Cartola ajuremou-se numa pedra miúda da subida do Pendura Saia. Noel encantou-se em alguma garrafa de cerveja, com maestria. Jamelão virou Jequitibá do samba. Estão todos por aí, prontos para baixar, dançar, dar conselhos, passes e o escambau. Registre-se que a cidade inventada enquanto terreiro é também cheia de encosto de capitão do mato, de fardas e ternos bem cortados, empunhandos verdades únicas, querendo atrapalhar a firmeza do riscado da pemba.

Percebemos que é no baixar dessas presenças, almas obcecadas pela intransigência, que nascem as demandas e marafundas que precisamos desatar. Agora é hora de firmar a banda de todas as pertenças daqueles que estabelecem relação de identificação com a cidade praticada enquanto terreiro. Sambistas, capoeiras, curimbeiros, professores, biriteiros, peladeiros de fim de semana, camelôs, navegantes do Santa Cruz ao Japeri, torcedores, feirantes, vadios, trabalhadoras e trabalhadores de toda estirpe, desse ou de outros mundos: nos lancemos nessa peleja.

A gerência de uma cidade praticada pluralmente por uma perspectiva contrária à diversidade produz um efeito de desencante, perda de potência vital, que reifica as raízes mais profundas do colonialismo. A grande peleja que se trava nesse momento veste o véu das purezas dos "homens de bem" para descredibilizar o nosso pluralismo e nossas sabedorias táticas operadas nas frestas.

O risco dos efeitos da demonização, dos absolutismos — reivindicados por seja qual for a banda — se dá no fortalecimento das lógicas monolinguistas. Contrários a esses efeitos, reivindicando as sabedorias de frestas inventivas dos nossos terreiros mundos, propomos firmar o fuzuê correndo a gira cruzada que é a cidade. A cidade simulacro ergue-se feito um edifício entoado por único dizer, cresce por cima de corpos e saberes múltiplos. A cidade terreiro corre gira, fala em vários dizeres para múltiplos entenderes, firma o encante no cruzado dos quatro cantos.

Haveremos de firmar uma toada duradoura, essa há de enunciar/comunicar em todas as línguas. O que nos espreita como demanda, marafunda de tempos atrás, opera na via contrária de nossa mirada, sendo fortalecida e perpetuada até os dias de hoje pelos mesmos modelos de catequese colonial.

O (re) encanto urge!

Mães de África

"Minha mãe é uma sereia,
Mora no fundo do mar.
Eu também sou filho dela,
Moro no mesmo lugar".

NAS PRAIAS DA ALDEIA BRASIL APORTARAM MÃES vindas do outro lado do oceano. A história desse lugar erguida ao longo dos últimos cinco séculos tem como marco a contratualidade de dominação inscrita nas dimensões da raça e do gênero. A diáspora africana como um complexo de memórias, identidades e práticas inscritas na necessidade de fruição da vida se enlaça à violência e ao terror colonial direcionado às mulheres. Assim, tendo o feminino como princípio da vitalidade, nos cabe pensar como a travessia da kalunga-grande ao mesmo tempo em que cruza a destituição, desterritorialização, desvio e morte como bagagem da experiência faz também gerar formas outras de ser, sentir e fazer referenciadas no feminino. Nesse sentido, nos cabe embalar nos movimentos do giro enunciativo que credibiliza o matriarcado negro como firmeza do terreiro Brasil. Brasil, imacumbado, lambuzado no encante que se faz nos cotidianos como labor e potência que contraria a lógica decadente do Estado-nação, aquele governado por homens ditos de bem e obcecados em ser colônia. Dessa maneira, nos lembra a flecha atirada pela poesia do jongo, a mamãe sereia mora no fundo do mar. Mãe daqueles que são como peixes, que cruzaram as águas, aqui aportaram e em seus corpos mantiveram a memória ancestral dos elos fincados do outro lado do oceano. Nas noites daqui, nas rodas, barracões, quintais e lajes devemos cantá-las para que através do canto retornemos ao seio da sereia que adormece nas águas do Atlântico.

Em 1983, o GRES Império Serrano desfilou no carnaval com o enredo "Mãe, baiana mãe". O samba de Beto Sem Braço e Aluísio Machado homenageava o matriarcado do samba, a importância civilizatória das tias baianas como aglutinadoras das comunidades afro-cariocas e a centralidade da casa de Tia Ciata como um espaço de coesão do grupo. O refrão homenageava as mães do samba: Tia Ciata, mãe e amor / Em seu seio o samba alimentou / E a baiana se glorificou / E a baiana se glorificou.

Lugares são espaços de disputa na construção de memórias, culturas, formas peculiares de se experimentar a vida e abordar o mundo. Pensamos nisso considerando também o fato de que as culturas oriundas da diáspora africana, destroçadas pela fragmentação trazida pela experiência do cativeiro, se redefiniram a partir da criação, no Brasil, de instituições associativas de reinvenção, construção, manutenção e dinamização de identidades comunitárias.

Fazem parte desse processo os zungus — casas de angu —, terreiros de candomblé e umbanda, comunidades jongueiras, agremiações carnavalescas, entre outras práticas. A união entre estes dois pontos talvez consiga contemplar um pouco da importância que a casa da Tia Ciata teve para a história do samba, do Rio de Janeiro e da cultura brasileira.

Falar da Tia Ciata é, sobretudo, destacar a importância mais ampla das tias baianas no ambiente da Praça XI e da Zona Portuária, um dos berços do samba carioca e região que Heitor dos Prazeres chamou de "África em miniatura". As tias eram, de modo geral, baianas iniciadas no candomblé que vieram para o Rio de Janeiro e aqui exerceram lideranças comunitárias.

As lideranças das tias baianas eram ancoradas muitas vezes no exercício do sacerdócio religioso como Yalorixás, mães de santo; Yakekerês, mães pequenas que auxiliavam as Yalorixás e os babalorixás; e Yabassês, as mães que cozinham, responsáveis pela preparação das comidas dos orixás, inquices e voduns. Elas criaram redes de proteção social fundamentais para a comunidade diaspórica. Além de Tia Ciata, podemos destacar nomes como os de Tia Prisciliana (mãe de João da Baiana), Tia Amélia (mãe de Donga), Tia Veridiana e Tia Mônica (mãe de Carmem da Xibuca e de Pendengo).

Além das tias da região central da cidade, outras lideranças matriarcais se consolidaram no Rio de Janeiro. Tia Fé, na Mangueira, Vovó Maria Joana e Tia Ester, em Madureira e Oswaldo Cruz, e Tia Madalena Rica do Xangô de Ouro, em Quintino Bocaiuva, são outros exemplos de mães de santo, do samba e da cultura igualmente fundamentais.

Em relação à trajetória de Tia Ciata, a mais famosa delas, cabe ressaltar que a história e o mito se cruzam o tempo inteiro, sendo difícil estabelecer alguma fronteira entre estes dois campos. Em um ambiente marcado pela força das culturas orais, aquelas em que o sentido do que é falado é mais relevante que a precisão dos fatos, essa encruzilhada entre a história e o mito é ainda mais vigorosa.

As informações mais precisas que temos indicam que Hilária Batista de Almeida, a Ciata, nasceu em 1854, na Bahia, transferindo-se para o Rio de Janeiro pouco depois de completar vinte anos. O que se conta sobre Ciata no mundo do candomblé é que ela teria sido iniciada, ainda na Bahia, pelas mãos do lendário Rodolfo Martins de Andrade, o nigeriano Bangboshê Obitikô. Radicada no Rio de Janeiro, ocupou a função de yakekerê (mãe pequena) na casa de João Alabá, babalorixá e sacerdote de Omolú com casa aberta na Rua Barão de São Félix, na Zona Portuária, e figura fundamental na construção de laços associativos entre a comunidade negra do então Distrito Federal.

Vale destacar que a distinção entre o sagrado e o profano não é algo que diga respeito às culturas oriundas das áfricas que aqui chegaram. O que se percebe o tempo inteiro é a interação entre essas duas dimensões. A Tia Ciata sacerdotisa do candomblé é, ao mesmo tempo, a festeira que transformou a sua casa em um ponto de encontro para que, em torno de quitutes variados, músicos e compositores anônimos se reunissem para trocar informações e configurar, a partir dessas trocas, a gênese do que seria a base do modo carioca de se fazer o samba. João da Baiana, Pixinguinha, Sinhô, Donga, Heitor dos Prazeres e tantos outros conviveram intensamente no endereço mais famoso da história da música do Rio de Janeiro.

O exercício comunitário da casa da Tia Ciata mostra também que a história do samba é muito mais que a trajetória de um ritmo, de uma coreografia, ou de sua incorporação ao panorama mais amplo da música brasileira como um gênero seminal, com impressionante capacidade de dialogar e se redefinir a partir das circunstâncias. O samba é muito mais do que isso. Em torno dele circulam saberes, formas de apropriação do mundo, inscrição de identidades, modos cotidianos, jeitos de comer, beber, vestir, enterrar os mortos, celebrar os deuses e louvar os ancestrais. Tudo isso se aprendia e se ensinava na Rua Visconde de Itaúna, 117, a casa de Tia Ciata, e nas casas de outras tias: ventres poderosos em que as mães gestavam múltiplas invenções, aquilo o que de mais potente as margens de cá do Atlântico foram capazes de produzir — cultura — como experiência altaneira de liberdade.

Em outra pequena África carioca, Vovó Maria Joana, a lendária Vó Maria Rezadeira, vinda das fazendas de café do Vale do Paraíba para o morro da Serrinha no subúrbio de Madureira, firmava a seguinte toada: *não somos donos de nada, o que recebemos temos que passar adiante*. Vó Maria Joana, Tia Eulália, Vó Teresa, Tia Eva, Dona Marta, Vovó Líbia, Dona Florinda, Djanira do jongo... tantas outras atam os fios que fazem da travessia nesse mundo um rito inacabado de festejo da vida e da memória coletiva como pulsação para a continuidade.

Nos morros da Serrinha, Congonha, Tamarineira, São José ou sob o viaduto de Madureira e dos Arcos da Lapa estão a se riscar pontos, apalavrados, umbigados e curtidos no couro que remontam as sabedorias vindas de Áfricas e cruzadas nas travessias do oceano. Sabedorias essas que cotidianamente insistem em dobrar a morte pela via do não esquecimento. Assim, o que separa o visível do invisível, a banda de lá da banda de cá, é a capacidade que se tem de invocar no corpo, ritmo, palavra e festa a memória dos que vieram antes.

O jongo, assim como outras práticas da diáspora-africana, vem sendo classificado como dança, música, jogo, porém, antes disso, o jongo é culto à ancestralidade. Essa dinâmica, de ritualização da memória e de tessitura de uma ética fiada mão a mão, pode ser sentida nas palavras de Vovó Maria Joana. Em outras palavras, a cultura é fio que se enreda de mão em mão. Sai daqueles que ocupam o infinito e são vivos porque são lembrados. É também dos mais velhos, aqueles que têm a responsabilidade de firmar o ponto e sustentar a toada comunitária. Como também é dos mais jovens e daqueles que ainda estão por vir. Assim, cruza-se os quatro cantos da Kalunga, não mais como grande cemitério, mas como encruzilhada das existências.

A capacidade de criar improvisos que atam a memória do grupo e a expressam na palavra é um dos encantamentos que identificam a cultura do jongo. Em muitas tradições vindas das Áfricas conta-se que o avô e avó são a mesma pessoa que os netos. Dessa forma, a imantação do ciclo da vida está naquilo que se passa adiante, fazendo o giro completo em torno da roda, cruzando os quatro cantos da linha da Kalunga. Em culturas como o jongo, samba e candomblés são as mãos femininas que dão de comer e firmam os pequenos na lida. Existe uma história famosa na Serrinha que diz sobre a entrada das crianças no jongo. Nessa história contam que era proibido a presença delas, mas Vó Maria Joana recebeu a recomendação dos antepassados para que as crianças fossem integradas no rito. Assim, quem busca saber sobre a infância no jongo esbarrará no protagonismo feminino no jongo da Serrinha representado por Tia Maria de Lourdes, também conhecida como Tia Maria da Grota ou Tia Maria do Jongo.

Tia Maria é unanimidade em beleza, leveza, gentileza e alegria. Esses atributos muito comuns nas crianças emanam da presença da matriarca da comunidade. Irmã de Seu Molequinho, Tia Eulália e João Gradim, Tia Maria viu o Império Serrano nascer no quintal de sua casa e viu também a peleja dos kumbas, assim como os festejos dos ciclos juninos, as ladainhas, as curimbas, as festas de santos, o engajamento dos trabalhadores da estiva e o carnaval. Feita de sorriso, babado e renda, a baiana da escola e preta-velha jongueira certa vez disse: *ah, meu filho, sempre gostei de festa, minha casa era festa, minha família é de festa.*

Cabe dizer que, para a comunidade jongueira da Serrinha formada por núcleos oriundos da região do café no interior dos estados do Rio e de Minas, fazer festa é princípio tático de invenções contrárias à lógica de escassez e perversidade produzidas pela colônia Brasil. Dessa forma, imantados com as memórias e sabedorias do complexo Congo-Angola, as jongueiras, praticando o que chamamos de *sabedoria de fresta*, atuam de forma sagaz nos vazios deixados pelos modos totalitários e desencantados. Tia Maria é mestre nesse fazer e pela sua disponibilidade e generosidade com o mundo elegeu as crianças como principal referência de sua política cotidiana. Ela mesmo dizia: *meu filho, eu sou criança.*

A criança como política fundamental na transmissão do conhecimento ancestral e na emergência de um mundo outro é corporificada na presença de Tia Maria do Jongo. Ela era a anciã que vibrava no tom das crianças e por isso, atendendo o chamado de Mestre Darcy para o exercício do fazer educativo através do jongo, cumpriu o desejo dos antepassados anunciado por Vó Maria Joana. Tia Maria nos deixou muitas lições, entre elas destacamos uma: a que ser criança é pra vida toda.

Tia Ciata vive em cada roda e nas feijoadas que aos sábados enchem as quadras das escolas de samba. Seu espírito ancestral sobe as escadarias da Pedra do Sal, amanhece no Cais do Valongo, vagueia pelo Largo de São Francisco da Prainha, se alimenta nos acarajés das baianas do Centro Velho da cidade, venta no Largo do Estácio e sibila no tempo, como tambor que ressoa, as cinco letras da encantaria carioca: samba.

O povo do jongo se encanta no tambu, no verso, no tabiado, na bananeira, na conta do rosário e no gole da cachaça. Tia Maria se encanta também em cada pé descalço que corre no morro da Serrinha, no fuzuê do Cosme e Damião, no bolo de fubá no fim da tarde e na estrela miúda que alumia o céu de Madureira e guarda o sonho dos pequenos.

Os mais velhos dizem que o jongo é o pai do samba. A enzima centro-africana dos caxambus redimensionou-se nas síncopes das esquinas cariocas para roncar as cuícas como os yauaretês que rugem nas matas da jurema. Ousamos afirmar aqui, entretanto, que não é de paternidade que se trata. É a grande força das mães do mundo, senhoras de ventres grávidos de sonoridades, meneios de corpo e arrelias, que acaricia os terreiros do Rio com as mãos calorosas das Ciatas e Marias: herdeiras e ancestrais das danças que acordam os vivos para reverenciar os mortos que cantam na Noite Grande.

Barracões de Axé

> "*Brasil, meu nego*
> *Deixa eu te contar.*
> *A história que a história não conta*
> *O avesso do mesmo lugar*
> *Na luta a gente se encontra*".
>
> [MANGUEIRA, 2019]

A CULTURA DE AXÉ É UMA CULTURA DE ARKHÉ. Em síntese, entendemos a cultura de axé como aquela que designa um modo de relacionamento com o real fundamentado na crença em uma energia vital — que reside em cada um, na coletividade, em objetos sagrados, alimentos, elementos da natureza, práticas rituais, na sacralização dos corpos pela dança, no diálogo dos corpos com o tambor e entre outras formas — que deve ser constantemente alimentada, restituída e trocada para que não se disperse.

As culturas de arkhé (o termo é grego) são aquelas culturas tradicionais que se baseiam na ritualização da ancestralidade, na modelação de condutas estabelecida pelo conjunto de mitos e na transmissão dinâmica de matrizes simbólicas. A tradição, nesta perspectiva, não é imutável, mas entendida como um impulso inaugural da força de continuidade do grupo, conforme diz Muniz Sodré (2002) no riscado de "O terreiro e a cidade: a forma social negro-brasileira". O ocidente, viciado na monocultura do racionalismo como maneira de compreensão do mundo, as considera primitivas, em um recorte de conotação racista.

O encosto do racismo, que nos empareda, é herdado do colonialismo, se manifesta explicitamente a partir de características físicas, mas não apenas aí. A violência também se estabelece a partir da inferiorização de bens simbólicos daqueles a quem o colonialismo tenta submeter: crenças, danças, comidas, sentimentos, sensações, leituras e escritas de mundo, formas de celebrar a vida, enterrar os mortos, educar as crianças, brincar, jogar, viver.

Seguindo essas trilhas, é possível pensar as questões que envolvem tradição, ancestralidade, práticas rituais e concepções de mundo encantadas a partir da ideia de que a morte (encarada mais como espiritualidade do que como conceito) dinamiza a vida, em um ciclo contínuo e necessário de restituição e catalisação. Essa visão apresenta também uma fonte cristalina para que pensemos as culturas brasileiras oriundas do diálogo com as tradições africanas, inscritas em ritos, danças, batuques, celebrações, sacralizações, libertações dos corpos etc.

Nesse sentido, invocamos o mito como candeeiro da memória que alumia rumos e nos afeta para a vida fiada na ética da ancestralidade. Diz Ifá que Olodumare, o Deus maior, um dia deu a Obatalá a tarefa da criação dos homens e mulheres, para que eles povoassem o Ayê. Obatalá moldou os seres a partir de um barro primordial; para isso pediu a autorização de Nanã, a venerável senhora que tomava conta daquele barro. Os humanos, depois de moldados, recebiam o emi — sopro da vida — e vinham para a terra. Aqui viviam, amavam, plantavam, colhiam, se divertiam e cultuavam as divindades.

Aconteceu, porém, que o barro do qual Obatalá moldava as pessoas foi acabando. Em breve não haveria a matéria primordial para que novos seres humanos fossem feitos. Os casais não poderiam ter filhos e a terra mergulharia na tristeza trazida pela esterilidade. A questão foi levada a Olodumare.

Ciente do dilema da criação, Olodumare convocou os Orixás para que eles apresentassem uma alternativa para o caso. Como ninguém apresentou uma solução, e diante do risco da interrupção do processo de criação, Olodumare determinou que se estabelecesse um ciclo. Depois de certo tempo vivendo no Ayê, as mulheres e homens deveriam ser desfeitas, retornando à matéria original, para que novos seres pudessem, com parte da matéria restituída, existir.

Resolvido o dilema, restava saber de quem seria a função de tirar dos seres o sopro da vida e conduzi-los de volta ao todo primordial — tarefa necessária para que outras mulheres e homens viessem ao mundo.

Obatalá esquivou-se da tarefa. Vários outros Orixás argumentaram que seria extremamente difícil reconduzir as pessoas ao barro original, privando-as do convívio com a família, os amigos e a comunidade. Foi então que Iku, até então calado, ofereceu-se para cumprir o desígnio do Deus maior. Olodumare abençoou Iku. A partir daquele momento, com a aquiescência de Olodumare, Iku tornava-se imprescindível para que se mantivesse o ciclo da criação.

Desde então Iku vem todos os dias ao Ayê para escolher os homens e mulheres que devem ser reconduzidos ao Orum. Seus corpos devem ser desfeitos e o sopro vital retirado para que, com aquela matéria, outras pessoas possam ser feitas — condição imposta para a renovação da existência. Dizem que, ao ver a restituição dos homens ao barro, Nanã chora. Suas lágrimas amolecem a matéria-prima e facilitam a tarefa da moldagem de novas vidas.

A partir da invocação do mito, o rito, enquanto prática cotidiana e de saber, inscreve a tradição de uma cultura como fio que alinhava a memória coletiva e o exercício do ser. Esse mito iorubá, poderosa síntese da ideia da morte como condição necessária para que exista a vida, comporta uma fabulosa variante de leituras. Reside nele um manancial para a reflexão sobre questões que envolvem outros olhares a respeito da tradição como fundamento da cultura de axé. É inevitável refletir sobre este mito de vida e morte para compreender, por exemplo, o samba, não apenas como ritmo e coreografia, mas como um complexo cultural alimentado, em seu processo histórico de configuração, pela ideia mais ampla de uma cultura de axé.

Primeiro é preciso dizer que os saberes africanos normalmente se referem a uma ideia de tradição que não é estática. Nas culturas orais, o conhecimento se fundamenta no ato de se transmitir ou entregar algo para que o receptor tenha condições de colocar mais um elo numa corrente, dinâmica e mutável. Passar adiante, enfim. Correr o mundo no pé da palavra que venta.

O conjunto de invenções do mundo que constitui o campo da cultura se apresenta como a capacidade de criar e recriar a vida a partir do legado dos ancestrais. A percepção da cultura, neste caso, refere-se à maneira como um grupo cria ou reelabora formas de [re]invenção da vida e estabelece significados complexos sobre a realidade que o cerca. As formas de falar, vestir, comer, rezar, punir, matar, nascer, enterrar os mortos, chorar, festejar, envelhecer, dançar, não dançar, fazer música, silenciar, gritar... Tudo isso é componente da cultura de um grupo e dialoga necessariamente — no campo simbólico e ritual — com a ancestralidade.

A metáfora do barro que constantemente se renova, é moldável, se realimenta, catalisa, ganha novas formas a partir de saberes ancestrais, engendra possibilidades ilimitadas de recriação e aponta para a continuidade a partir da dinamização da tradição; é o fundamento mesmo do que entendemos como vida com axé (energia vital).

As culturas de axé são, sobretudo, vivazes. Para alguns pode parecer um paradoxo, mas elas só são dinâmicas porque são tradicionais. É como a vida, que só é possível em virtude da tensão criadora alimentada pelo papel da morte; signo vigoroso de renovação ancestral continuamente celebrada.

Não há nada de novo (nada pode nascer) que não precise recorrer ao fundamento (o barro) para existir. A função da matéria, por sua vez, é se reconfigurar e se renovar como possibilidade de criação de outras vidas. A tradição que não se renova é destituída de axé. Matéria morta e sem potência, em suma; simulacro de uma vida que já não existe.

Assim, recorremos ao mito, rito, tradição, ancestralidade e à dinâmica do axé para tramar a seguinte questão: o que esse debate encruzado entre essas dimensões nos diz sobre as escolas de samba do Rio de Janeiro? Cabe lembrar que cidades são palcos de disputa, tensionados entre o encanto do terreiro e a funcionalidade fria do território. Neste jogo, parece que prevalece no Rio de Janeiro a lógica de se conceber a cidade como uma empresa.

A cidade-empresa, encalacrada no carrego do latifúndio, da catequese e da trincheira de guerra, a grosso modo, é aquela preparada para gerar lucro e prioritariamente pensada do ponto de vista urbano para facilitar a circulação de mercadorias. Ela disputa, com outras cidades com o mesmo perfil, investimentos de grandes corporações, turistas e eventos. A Copa de Mundo e as Olimpíadas consagraram em passado recente esse modelo no Rio de Janeiro, a partir da união entre poder público, velhos grupos oligárquicos, grandes escritórios de advocacia, restos do capital industrial, setores envolvidos na atividade turística etc.

A partir desta constatação, concluímos que as escolas de samba, ao contrário do que se imagina, tendem a perder a força na cidade-empresa e ter o axé disperso. Ao contrário do futebol e dos jogos olímpicos, desfiles de escolas de samba têm limitações para se inserir nesta lógica. Fiquemos em um exemplo simples: um turista sempre saberá o que é um gol, mas não saberá o significado da dança da porta-bandeira. Exceções confirmam a regra. Poderíamos listar inúmeros exemplos na mesma linha de raciocínio.

Escolas de samba são em suas origens instituições comunitárias de construção, dinamização e redefinição de laços associativos e comunitários, para a catalisação do axé do grupo. Um desfile de escola de samba tem particularidades incompreensíveis para aqueles que não têm qualquer laço, por menor que seja, de pertencimento com essas vivências e seus rituais.

As escolas de samba, neste sentido, se encontram em uma encruzilhada. Se querem se legitimar como protagonistas de um evento prioritariamente turístico, precisam se tornar compreensíveis para turistas (e aí se justifica colocar um show de acrobatas de Las Vegas numa comissão de frente, incendiar a saia da porta-bandeira, lançar um astronauta pelo sambódromo etc.).

Se o princípio for este, a tendência dos fundamentos que forjaram a aventura inventiva das agremiações é desaparecer ou, pelo menos, perder o protagonismo; como vem acontecendo e não é de hoje.

Se pretendem, todavia, manter os fundamentos que as constituem como protagonistas da construção de laços de sociabilidade, as escolas precisam, sem saudosismo, se voltar mais para aqueles que — alijados do sambódromo pela lógica exorbitante dos preços e pelo conluio entre agências de turismo, ligas etc. — disputam sofregamente um espaço nas arquibancadas precariamente construídas na armação do canal do Mangue.

A sobrevivência das escolas de samba depende da estruturação de um espetáculo que priorize quem ama escola de samba, como espectador e componente. Depende, por exemplo, da abertura das quadras para eventos variados e cotidianos — inclusive de samba — que permitam a formação de público e fortaleçam elos entre os frequentadores e as agremiações. Depende de enredos inteligíveis, criativos, vivenciados por quem desfila. Isso tudo é ato de restituição que será devolvido como vida, alimento, energia, encanto: axé, em suma.

As escolas de samba precisam refletir, em uma situação de crise evidente, se querem se enquadrar na cultura do evento — típica das cidades-empresas e volúvel — ou se pretendem afirmar a posição de que uma agremiação na avenida é um evento da cultura, vivenciado cotidianamente, ancorado no diálogo vivo com a tradição e projetado dinamicamente para tantos futuros.

Neste ponto, afirmamos que escolas de samba não são, desde as origens nunca foram, entidades de resistência inflexível ao poder instituído. Se inscrevem, antes, em um contexto muito mais complexo, cheio de sutilezas e negociações com este mesmo poder.

Historicamente, as escolas de samba tiveram, sobretudo a partir da década de 1960, um papel de vanguarda educativa no Brasil: apresentar personagens, temas, episódios, à margem da História Oficial, aquela baseada em relatos aparentemente neutros de grandes feitos, efemérides e heróis do panteão.

As mesmas escolas de samba que nas décadas de 1940 e 1950 se limitavam a falar dos galardões, medalhas e brasões da pátria, assumiram um papel pioneiro a partir de certo momento. Um papel que os colégios não desempenhavam, os meios de comunicação ignoravam e os livros didáticos raramente enfrentavam.

Quando o Salgueiro de Fernando Pamplona apresentou, inspirado em um livro censurado de Edison Carneiro, o seminal Zumbi dos Palmares (Quilombo), em 1960, Zumbi era um personagem que não aparecia nas salas de aula brasileiras. O herói era Domingos Jorge Velho, o bandeirante que trucidou o povo quilombola. Chica da Silva e Chico Rei vieram no mesmo barco, arrebentando em vermelho e branco, através da avenida, a cerca que não os fazia chegar ao ensino formal.

Nunca tínhamos escutado falar de micro-história, história a contrapelo ou história do cotidiano no colégio, mas já tínhamos visto a cabrocha Lili desfilar sua formosura na feira livre da Caprichosos de Pilares e nos emocionado com o cotidiano do perrengue de uma viagem no trem da Central, ramal Japeri, cantado pela Em Cima da Hora. Foi escutando samba-enredo que soubemos da Guerra de Canudos, da peleja do caboclo Mitavaí contra o monstro Macobeba, da literatura de Lima Barreto, do drama da seca do Nordeste, da vida fabulosa do pai de santo Hilário de Ojuobá. Foi escola de samba que primeiro falou de Teresa de Benguela e do Quilombo do Quariterê, da Confederação dos Índios Tamoios, das lendas dos orixás, dos mitos de origem dos Carajás e de tanta coisa do tipo.

Instituições complexas, em constante diálogo com a conjuntura, as escolas de samba não se enquadram em modelos prontos. Cantaram a história oficial, se renderam aos patrocínios mais esdrúxulos, louvaram o regime militar, contestaram o regime militar e retrataram a vida de celebridades duvidosas de ocasião.

Ao mesmo tempo, contam as histórias que a História não conta, reconhecem o protagonismo dos Zumbis, Conselheiros, Aimberês e Teresas de Benguela. Louvam Luiz Gonzaga, os poetas do cordel, os caboclos de umbanda, os orixás, as iabás, as mães de santo e do samba.

Quando fazem isso, se conectam à sua ancestralidade, alimentam os vivos que rompem com o tempo linear, revigoram laços cotidianos de pertencimento e sociabilidade, encantam o terreiro quando dobram o cotovelo da avenida, reciclam a vida com a matéria-prima do barro catalisada para novas experiências, no repique que chama a bateria e dialoga com o corpo.

Quando não fazem, dispersam o axé, esquecem do barro primordial e, na ânsia de fazer o que é aparentemente novo, não conseguem mais sair do lugar como experiências e vetores de alargamento de mundo e experiências corriqueiras de encantamento da vida.

Perna Torta

"Hoje, sabemos que o problema de cada um de nós é ser ou não ser Garrincha".

[NELSON RODRIGUES]

O FUTEBOL OCUPA UM LUGAR TÁTICO na produção da identidade nacional e na invenção daquilo que caracterizaria um idealizado "ser brasileiro". Na construção da brasilidade, o futebol é uma flecha que percorre trajetória inversa à percorrida pelo samba como um componente daquilo que nos caracterizou no imaginário como povo. As duas flechas, entretanto, acabam cruzando o ar e virando ponto riscado do Brasil como terreiro.

O samba é filho da enzima sonora do Congo que serpenteou na síncope dos corações arrasados pelo ventre sujo dos tumbeiros, ameaçou parar, mas catalisou as sonoridades das macaias brasileiras e se transformou em bordado dos corpos insubmissos. Compreendido como manifestação oriunda das culturas subalternizadas, o samba mora nas encruzilhadas e se reelabora a partir da tragédia da diáspora como um empreendimento inventivo de subversão da morte, dinamizado por cruzamentos com distintas manifestações culturais.

O futebol faz caminho inverso, de arco retesado na direção das europas que, entretanto, acaba lançando uma flecha-bumerangue, aquela que malandramente volta na direção daquele que a lançou. O filho de inglês Charles Muller trouxe a bola de couro e as chuteiras que acabaram nos pés de Mané Garrincha, índio fulni-ô que driblava com os passos do boiadeiro laçador na frente dos tambores, encantando o chão com o laço de domar touro brabo.

O jogo britânico, aquele de contato físico, bolas alçadas na área, aridez de corpos disciplinados na lógica inclemente dos trabalhos nas fábricas introduzido aqui como lazer de jovens das camadas dominantes e imigrantes ingleses, foi macumbado pelos corpos lanhados por chibatas e ganhou múltiplos significados. Seduziu o poder público, impactado pela velocidade da popularização do esporte, e segmentos da intelectualidade, sobretudo a partir dos anos de 1930, empenhados em imaginar a solução da identidade brasileira a partir do idealizado — e muitas vezes encobridor do racismo estrutural da nossa formação — caráter mestiço do povo e da cultura.

O jogo representou para o imaginário de certo Brasil o que foram, no mesmo contexto, as macumbas no terreno dos ritos religiosos: a capacidade de dobrar o tempo, incorporar força vital ao desmazelo da vida e furar as retrancas do colonialismo — com suas defesas de zagueiros violentos — com arte de ocupar o espaço vazio pela perspicácia do drible.

A macumba, todavia, não se limitava ao espaço do campo de jogo. Que o diga a antiga geral do Maracanã. O estádio foi pensado, em 1950, para ser frequentado por torcedores de todas as classes sociais, mas não de forma igualitária. Aos mais pobres reservava-se a geral, espaço na altura do gramado de onde praticamente não se via o jogo. Sem visão panorâmica do campo e noção de profundidade, o torcedor ficava em pé o tempo inteiro. Apesar disso, ou exatamente por causa disso, a geral acabava sendo o local em que as soluções mais inusitadas e originais sobre como torcer surgiam.

A geral era, em suma, a fresta pela qual a festa do jogo se potencializava da forma mais vigorosa: como catarse, espírito criativo, performance dramática e sociabilização no perrengue. Mais do que torcedor, o geraldino era o caboclo em transe no jogo/gira, vendo tudo de onde não se deveria ver nada, terreirizando o espaço desencantado pela entrega do corpo ao amálgama com o jogador em campo e com a bola.

As reformas que o Maracanã sofreu nos últimos anos — com o argumento de que o estádio deveria adequar-se aos grandes eventos — a rigor poderia ser defensável, considerando-se a precariedade do espaço. O problema é que ele veio acompanhado de um projeto muito mais perverso: não era a geral que precisava sumir, eram os geraldinos. Na arena multiuso adequada aos Jogos Olímpicos e à Copa do Mundo, interessa um público restrito, selecionado pelo potencial de consumo dentro dos estádios e pelos programas de sócios torcedores. Facilita-se assim a massificação das transmissões televisivas por canais a cabo.

O fim da geral foi, simbolicamente, o esfacelamento de um pacto de cordialidade que usou o manto do consenso para desenhar simulacros de democracia na cidade. Mas até isso já era. Prevalece agora a lógica da exclusão explícita. A energia colonial atua na dimensão do desencanto. Os caboclos andam reinventando seus afetos fora das arenas, encontrando novas frestas para arrepiar a vida de originalidades e tencionar o consenso cordial.

Um dos aspectos mais sinistros deste projeto de desencanto é que ele também se manifesta naquilo que propomos chamar aqui de "perversidade do bem". Mas o que seria isso?

O fim da Geral do Maracanã foi um passo gigantesco no processo de desencantamento dos estádios de futebol no Brasil. Nos parece aqui que a ideia de desencanto é mais precisa que simplesmente a de gentrificação, no sentido dado ao termo pelos estudos pioneiros de Ruth Glass e Neil Smith: aquele que, grosso modo, designa um processo de aburguesamento de espaços nas grandes metrópoles e gera o afastamento das camadas populares do local modificado. O espaço gentrificado passa a ser gerido prioritariamente pelos interesses do mercado financeiro, do grande capital e similares. Este processo de submissão ao capital é, em geral, acompanhado de discursos legitimadores que vão desde o "tratamento ecologicamente correto" até o da "gestão financeira responsável".

O desencanto radicaliza a ideia de gentrificação para dimensioná-la como algo maior que o processo de aburguesamento do espaço. Trata-se de um processo mais profundo, que busca aniquilar assepticamente modos de vida, atribuições de sentido, laços de sociabilidade, terreirização de espaços, construção de pertencimento de mundo. É uma nova faceta da aniquilação colonial e de sua política de extermínio de saberes.

Não achamos que o futebol seja um espetáculo, uma brincadeira, um jogo ou uma guerra; ele pode ser tudo isso e muito mais. Futebol no Brasil é cultura, pois consolidou-se como um campo de elaboração de símbolos, projeções de vida, construção de laços de coesão social, reivindicação identitária e tensão criadora, com todos os aspectos positivos e negativos implicados neste processo. Nossas maneiras de jogar bola e assistir aos jogos dizem muito sobre as contradições, violências, alegrias, tragédias, festas e dores que nos constituíram como povo.

O processo de morte do futebol como cultura reduz o jogo ao patamar de mero evento. Contamina, inclusive, o vocabulário do encanto, que perde as características peculiares do boleiro e se adequa ao padrão aparentemente neutro do jargão empresarial. O craque se transforma em "jogador diferenciado", o reserva é a "peça de reposição", o passe vira "assistência", o campo é a "arena multiuso" e o torcedor é o "espectador". As conquistas não são mais comemoradas em campo, mas em eventos fechados, sob a chancela de patrocinadores e com a participação do "torcedor virtual", aquele chamado a se manifestar pelas redes sociais a partir do que verifica nas telas da televisão.

Mais grave é constatar que o exemplo do futebol não é a exceção. A regra é desencantar. Como cariocas, este é um processo que talvez espante e entristeça mais, já que a cidade do Rio de Janeiro vive a mais agressiva política de desencanto de sua história recente.

O discurso do embelezamento urbano, do ecologicamente correto, da dignidade do morador é acompanhado da especulação vigorosa e proposital do solo urbano e da ruptura criminosa de laços comunitários, com a saída de uma população que não consegue mais pagar o aluguel ou não tem como adquirir o imóvel na área embelezada. Há ainda um discurso hegemônico na mídia que glorifica estratégias de embelezamento e esconde as contradições sociais que ele traz. A limpeza social é silenciosa, enquanto a limpeza urbana toca seus tambores, se apropria de códigos do que ela mesma destrói e domina, pela propaganda, os corações e mentes.

A "perversidade do bem" é uma das mais ardilosas estratégias de submissão do homem aos ditames dos grandes interesses corporativos. É bom ver o jogo confortavelmente; é bom ter um camarote climatizado; é bom ter uma área verde no coração de Madureira; é bom um elevador que facilite a *acessibilidade* ao Cantagalo; é bom ter bicicletas *disponibilizadas* por bancos (usamos, propositalmente, os cínicos jargões empresariais deste processo); é bom ver o Porto Maravilha ser a porta de entrada do Rio de Janeiro. Mas é de uma perversidade desencantadora, castradora, higienista, desarticuladora de laços comunitários, fria como um museu virtual, adequada ao delírio dos corretores de imóveis, moldada ao gosto dos velhos conservadores que sonham com as europas e os playboys reacionários que desejam Miami e Califórnia. É bom e não é para todos. É perverso quando se apropria dos ícones de um local e louva estes ícones para destruí-los ou submetê-los aos interesses do mercado.

A perversidade suprema é matar a nossa cultura sorrindo e nos fazer sorrir também, como clientes satisfeitos de um futebol-produto, de um bairro-playground, de uma cidade-condomínio, de um jogo-espetáculo. A questão é a seguinte: assistiremos, aplaudindo, a simulacros festivos do que não é mais o nosso pertencimento, seduzidos pelas fanfarras alegres do nosso próprio — e lindíssimo – velório?

O alvo

SOPRAMOS A FUMAÇA JUNTO COM TANTAS OUTRAS E OUTROS que pelejam em vadiar nesse tempo. Com um roçado de invenções e possibilidades lavrados há séculos por muita gente, nos recusamos a crer que o jogo acabou. Tem volta ao mundo pra se dar nesse terreiro. Entoamos o aforismo cantado em um dos orikis do senhor de Ejigbo: chegamos até aqui porque estamos sobre os ombros daqueles que vieram antes. Assim, zelaremos as palavras, o caráter e os atos. Todo ser é continuidade. A política, a labuta cotidiana, é legado ancestral. Considerando a forma pela qual chegamos aqui, resta matutar sobre os caminhos que percorremos, já que muitos outros virão sobre os nossos ombros.

A política macumbeira é uma aposta que parte do pressuposto que não existe uma única origem explicativa para as coisas do mundo, assim como uma única forma de existir e praticar o saber. Dessa maneira, para acendermos essa aposta dizemos que a coexistência, o inacabamento e a transformação são elementos que, imantados nos corpos dos praticantes, cruzam os tempos multiplicando sentidos e expressões de vida.

Catequisados desde que fomos nomeados como sendo o *outro*, passamos a crer em uma humanidade padronizada e, até os dias de hoje, convivemos com a insistência em arrastar os encantes (complexo político) por aqui praticados e reinventados para a caixa do fetichismo, animismo, baixo espiritismo, curandeirismo e religião. Entretanto, lançamos a flecha no tempo. Enquanto o dono da rua cozinha suas gambás e os capangueiros da Jurema não retornam, firmamos o verso: existe água limpa no poço.

Sem tratados, manifestos e pompas, há quem desconsidere as criações nas margens desse Brasil oficial como passíveis de serem creditadas como políticas. Limitados a um monorracionalismo que só encara como políticas as inscrições capturadas pelas tradições ocidentalizadas, acabamos contribuindo para a subalternização de inúmeras formas seculares de luta. Haverá quem esconde, quem desdiz, quem dissimule, quem desqualifique e até mesmo quem finge que não entende. Existem inúmeras formas de mistificar o racismo praticado contra as formas de ser e saber dos terreirizados daqui.

Cambinda velha pitando seu cachimbo e fazendo ensinadô do caminhar para o seu povo. Tóia Jarina vestindo casaca de penas no cair da tarde mostrando que a natureza do ser é múltipla. Averekéte acordando os encantados na virada da mata para erguer uma nova aldeia. Malunguinho à espreita dos ataques inimigos ensinando que onde tem batalha também tem mandinga. Oxalá em seu cortejo nobre esfriando o chão de uma terra marcada pela quentura das obsessões de grandeza que nutrem a desigualdade. O racismo epistêmico e a destruição das gramáticas maternas[19] mantidos pela lógica colonial fazem com que muitos insistam em não reconhecer os saberes oriundos das macumbas brasileiras como políticos. Assim, mortificados pela energia propagada pelo terror do latifúndio, da catequese e das armas de fogo, não reconhecem o encanto como possibilidade de mundo, encarando-o só como alegoria e mero fetiche conceitual.

A macumba não pode ser encarada nem pelo viés da lente de uma sociedade racista, eugênica e tacanha que a expurga, demoniza e assassina seus praticantes em uma contínua cruzada, nem com a irresponsabilidade, empolgação e produção de estereótipo de alguns que, por não reconhecerem sua força política, a consomem de forma superficial e descomprometida com o exercício comunitário e a força de suas gnoses. Dessa maneira,

---

[19] Destruição das gramáticas maternas é lançado aqui em diálogo com o conceito de cosmofobia cunhado por Antônio Bispo. Ver Santos (2015).

cabe retornamos à problematização do conceito de macumba como uma espécie de política/poética do encanto, que por contingenciamento identitário e territorial compreende em seus limites inúmeras sabedorias que se amalgamaram inventando/inventariando formas de potencializar a vida esquivando-se da mortificação perpetrada pelo desencanto.

Nesse sentido, nos cabe dizer que a invenção desse mundo que nos foi submetido com a promessa do progresso e o livramento do pecado se dá com base na destituição existencial de inúmeros povos, na aniquilação e subalternização de seus modos de saber e na interdição de suas linguagens. Inventaram nomes para justificar sua ânsia de extermínio e a incapacidade de exercitar uma humanidade responsável com a diferença. Assim, a macumba como uma política praticada na e pela linguagem reivindica não somente um repertório simbólico dos grupos afetados pelo racismo e terror colonial mas também se inscreve como política da presença e do saber.

Não somos pessimistas, tampouco românticos. Somos cambonos e vibramos com Cambinda velha estremecendo, segurando o touro brabo na unha. Cada ponto cantado é uma flecha lançada no tempo que cairá sabe-se lá aonde e que alimentará o Brasil dos caboclos com energias contrárias à mortificação e antinomias da civilidade. Assim, como quem improvisa versos em uma canjira, nos permitam um arremedo: qual é a possibilidade do *ser* diante esse estado radical de violência cultivado há mais de cinco séculos?

Ao defender uma política macumbeira, puxamos o ponto de que é a hora de nos entendermos e nos reivindicarmos como povos terreirizados e encruzados nas múltiplas sabedorias ameríndias, negro-africanas em diáspora e das populações empobrecidas que erguem e sustentam isso que chamam de Nação. A macumba, como complexo de saber, terra dos poetas encantadores de corpos, palavras e ritmos, confronta as políticas assassinas de gente, saberes e linguagens praticadas pelo Estado colonial. A macumba, com toda sua força simbólica/política, denuncia a mordaça imposta contra as formas de autoinscrição do ser e saber nas diferenças.

Assim, enquanto sociedade, nos cabe assumir o debate e a defesa de um projeto forjado em múltiplas experiências, saberes e comunicações que compreenda que a poética/política/ética/estética se encruzam e fazem que os moradores terreirizados nos quatro cantos dessa casa se posicionem com seus repertórios de fazer/saber anunciando um horizonte de possibilidades. Esses repertórios traçados no encante, ou seja, próprios de outras formas de sentir o trabalho, o desejo e a linguagem, são fundamentais para a vitalização de um Brasil profundo que se coloca comprometido com a vida em sua diversidade. Por isso, é passível de romper com o quebranto colonial posto pelo olho grande do constructo da branquitude, do hétero-patriarcado, do latifúndio, das teologias políticas e da militarização.

A terreirização engloba as formas de invenção do tempo/espaço e consequentemente da vida diante o terror e a violência ininterrupta imposta por um modelo de sociedade assentado nos paradigmas da raça/racismo, gênero/sexismo e do capital. A macumba não é (em tom de brado de bugre bravo) uma síntese de um Brasil dissimulado, inocente racialmente, mestiço em termo eugênicos, cordial e exótico. A macumba é a palavra enfeitiçada do velho cumba que encanta as invenções praticadas nas margens e buracos dessa terra livre do pecado onde, ao mesmo tempo, ninguém é santo[20]. É um balaio múltiplo, inacabado e tático. Guerrilha epistemológica e política da presença daqueles que, seja qual for a sua experiência e tempo, foram traumatizados pela empresa colonial. A boca que tudo come em termo de uma política macumbeira é a de Enugbarijó, que a todo momento interroga sobre a responsabilidade do ato. Eis aí a nossa oferta.

Em um país em transe, a ampliação potente da democracia — indo muito além da frágil falácia da transformação social como simples ampliação do acesso a bens de consumo — pressupõe o falar de muitas vozes, o descortinar de miradas e a ousadia de experimentar rumos que libertem as mulheres, as crianças e os homens da nossa crônica doença do desencanto, nascida na negação da força do que podemos ser.

Somos um país forjado em ferro, brasa, mel de cana, pelourinhos, senzalas, terras concentradas, aldeias mortas pelo poder da grana e da cruz, tambores silenciados, arrogância dos bacharéis, inclemência dos

---

[20] Ver Simas e Rufino (2018).

inquisidores, truculência das oligarquias, chicote dos capatazes, cultura do estupro, naturalização da tortura e coisas do gênero. Acontece que, no meio de tudo isso e ao mesmo tempo, produzimos formas originais de inventar a vida onde amiúde só a mortificação poderia triunfar.

Um Brasil forjado nas miudezas de sua gente, alumbrado pela subversão dos couros percutidos, capaz de transformar a chibata do feitor em baqueta que faz o atabaque chamar o mundo. Um Brasil produtor incessante de potência de vida, no arrepiado das horas e no chamado de uma pluralidade de deuses bonitos como as mulheres, crianças e homens. A luta por esse segundo Brasil não nos enreda porque achamos que ela será vitoriosa: estamos na briga porque achamos que ela é necessária.

Continuaremos na rinha pela revolução do despacho na encruza, do reconhecimento do poder das senhoras e da alteridade da fala: língua do Congo, canto nagô, virada de bugre na aldeia. Escrevemos pela necessidade de outras gramáticas de compreensão do Brasil. Nossa arma é o alfange do senhor do mariô e a espada de Jorge Guerreiro, iluminando, ao cortar os intolerantes, o mundo na viração da vida plena. É hora de temperar a porta brasileira com dendê e apimentar o padê dessa canjira.

REFERÊNCIAS BIBLIOGRÁFICAS

ABIMBOLA, Wande. Ìwàpèlè: O conceito de bom caráter no corpo literário de Ifá. Tradução: Rodrigo Ifáyode Sinoti. Departamento de Línguas e Literaturas Africanas, Universidade de Ilê Ifé, Nigéria, 1975.

BENJAMIN, Walter. Magia e técnica, arte e política — ensaios sobre literatura e história da cultura. São Paulo: Brasiliense, 1994, 2012.

CARNEIRO, Aparecida Sueli. A Construção do outro como não-ser fundamento do ser. Tese de doutorado. Programa de Pós-graduação em Educação da Universidade de São Paulo. São Paulo, 2005.

CÉSAIRE, Aimé. Discurso sobre o colonialismo. Tradução, Anísio Garcez Homem. Letras Contemporâneas. 2010.

CUSICANQUI, Silvia Rivera. Ch'ixinakax utxiwa: una reflexión sobre prácticas y discursos descolonizadores. 1ª ed. Buenos Aires: Tinta Limón, 2010.

FANON, Frantz. Pele negra, máscaras brancas. Tradução de Renato da Silveira. Salvador: EDUFBA, 2008.

_____. Os Condenados da Terra. Rio de Janeiro: Editora Civilização Brasileira S.A, 1968.

FREIRE, Paulo. A importância do ato de ler: em três artigos que se completam. 48. Ed. São Paulo, Cortez, 2006.

_____. Pedagogia da Autonomia: saberes necessários à prática educativa. São Paulo: Paz e Terra, 1996.

MASOLO, Dimas. A. Filosofia e conhecimento indígena uma perspectiva africana. In: SANTOS, Boaventura de Souza e MENEZES, Maria Paula, Epistemologias do Sul. São Paulo: Cortez, 2010, pp. 313-337.

MUSSA, Alberto. Meu destino é ser onça. 2ª ed. Rio de Janeiro: Record, 2009.

QUIJANO, Anibal. *Colonialidade do poder e classificação social*. In: SANTOS, Boaventura de Souza e MENEZES, Maria Paula, Epistemologias do Sul. São Paulo: Cortez, 2010.

RAMOS, Alberto Guerreiro. *A patologia do "branco" brasileiro. Introdução crítica à sociologia brasileira*. Rio de Janeiro: Editora da UFRJ, 1995.

RAMOSE, Magobe. *Sobre a legitimidade e o estudo da Filosofia Africana*. Ensaios Filosóficos, Rio de Janeiro, v. IV, out. 2011.

ROSA, João Guimarães. Grande sertão: veredas. 19. Ed. Rio de Janeiro: Nova Fronteira, 2001.

RUFINO, Luiz. Pedagogia das Encruzilhadas. *Revista Periferia*, v.10, n.1, p. 71-88, Jan./Jun. 2018

_____. Performances Afro-diaspóricas e decolonialidade: o saber corporal a partir de Exu e as suas encruzilhadas. *Revista Antropolítica*: Niterói, 2016.

_____ e SIMAS, Luiz Antonio. *Fogo no Mato: A Ciência Encantada das Macumbas*. 1. Ed. Rio de Janeiro: Mórula, 2018.

SIMAS, Luiz Antonio. *Pedrinhas miudinhas: ensaios sobre ruas, aldeias e terreiros*. Rio de Janeiro: Mórula, 2013.

SANTOS, Boaventura de Sousa. *A gramática do tempo: para uma nova cultura política*. São Paulo: Cortez, 2008.

SANTOS, Antônio Bispo dos. *Colonização, quilombos — modos e significações*. Brasília: INCT. Universidade de Brasília — UnB, 2015.

SODRÉ, Muniz. *Pensar nagô*. Rio de Janeiro: Vozes, 2017.

_____. *O terreiro e a cidade*. Petrópolis: Vozes, 1988.

WALSH, Catherine. *Interculturalidade, Estado, Sociedad. Luchas (De) coloniales de nuestra época*. Primeira edición: Universidad Andina Simón Bolívar / Ediciones Abya-Yala, Quito, 2009.

1ª edição	agosto 2019
reimpressão	março 2024
impressão	eskenazi
papel miolo	pólen bold 70g/m²
papel capa	cartão supremo 300g/m²
tipografia	livory